ANIMAUX MIGNONS
MARQUEURS À POINTS

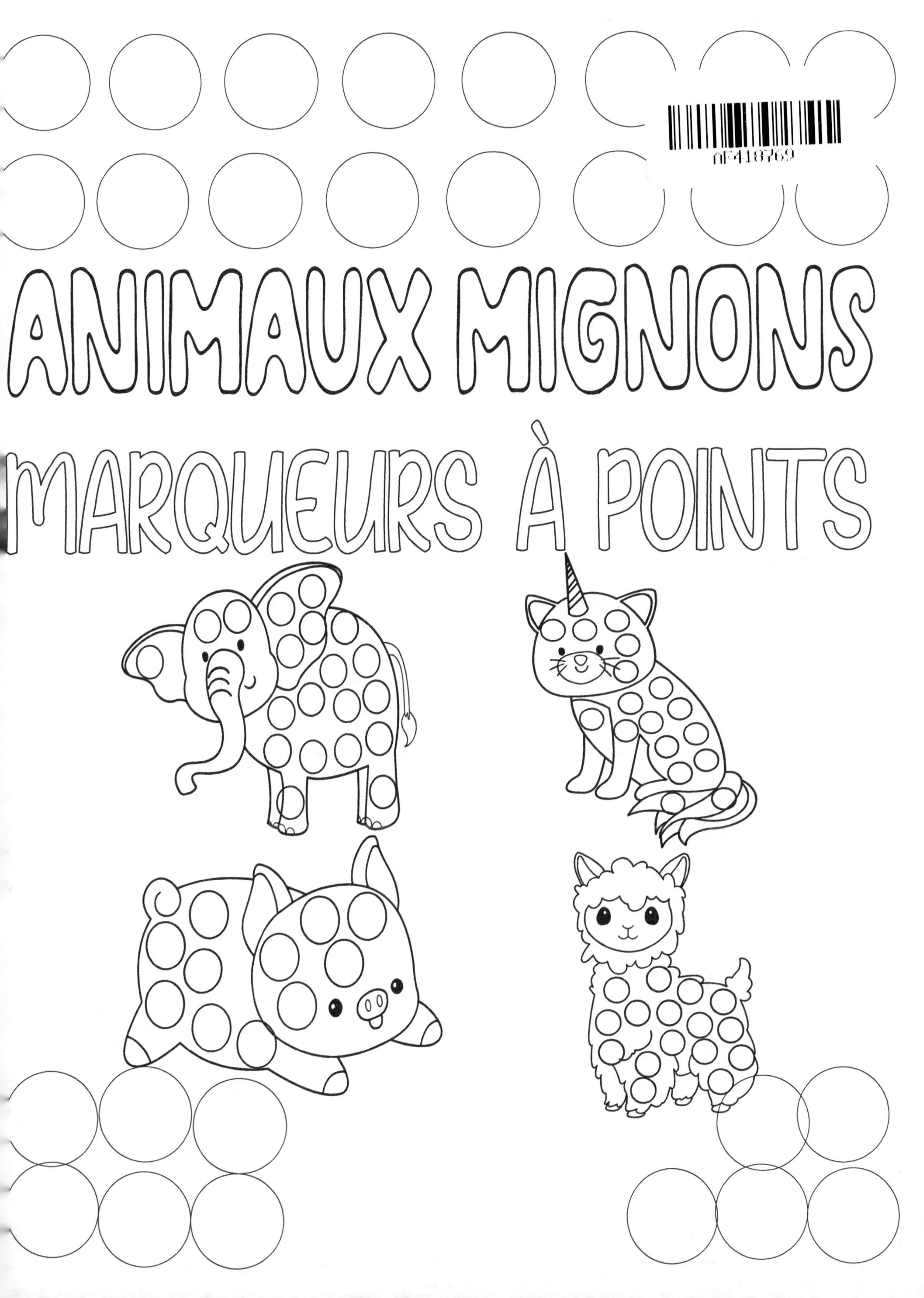

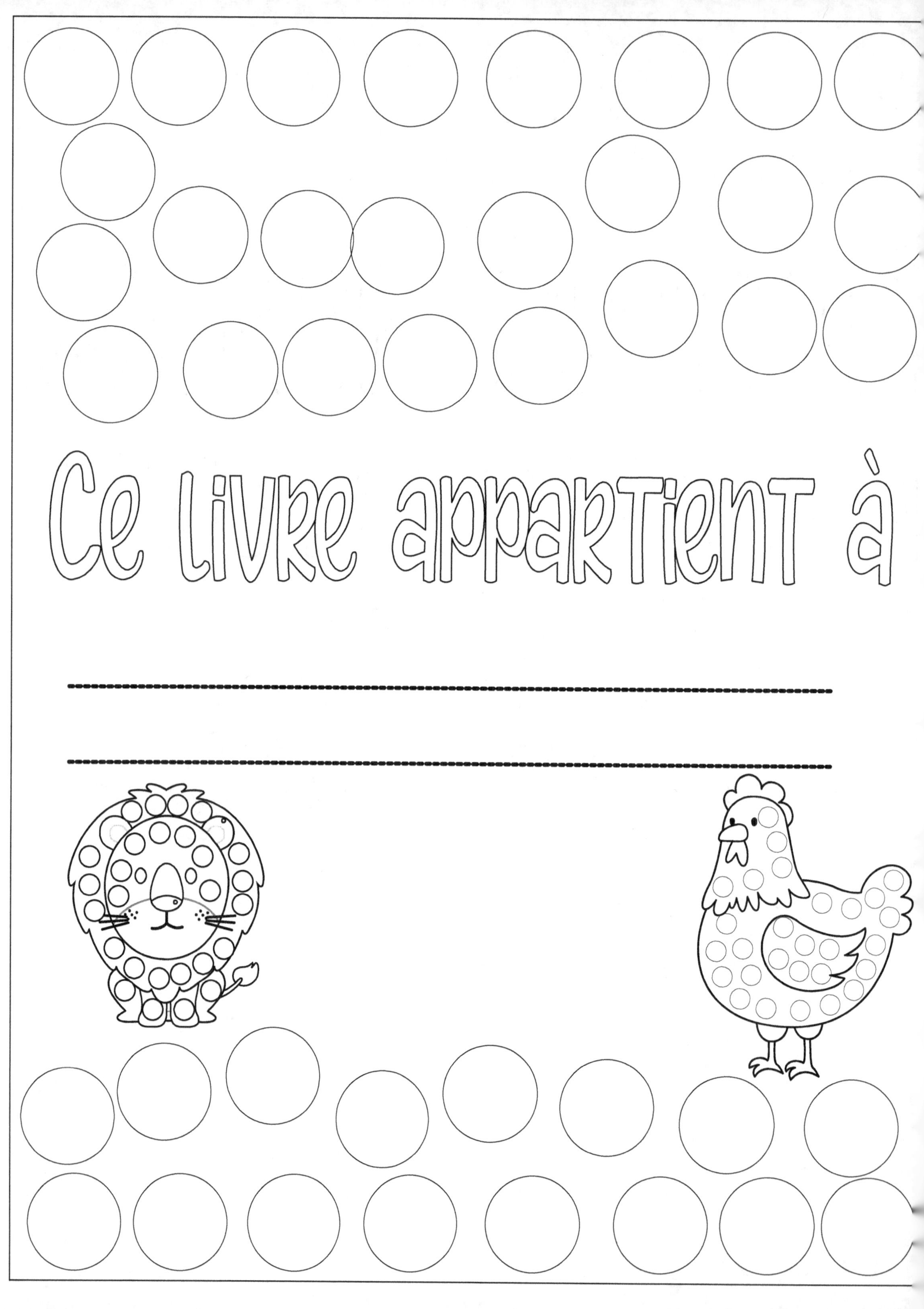

Ce livre appartient à

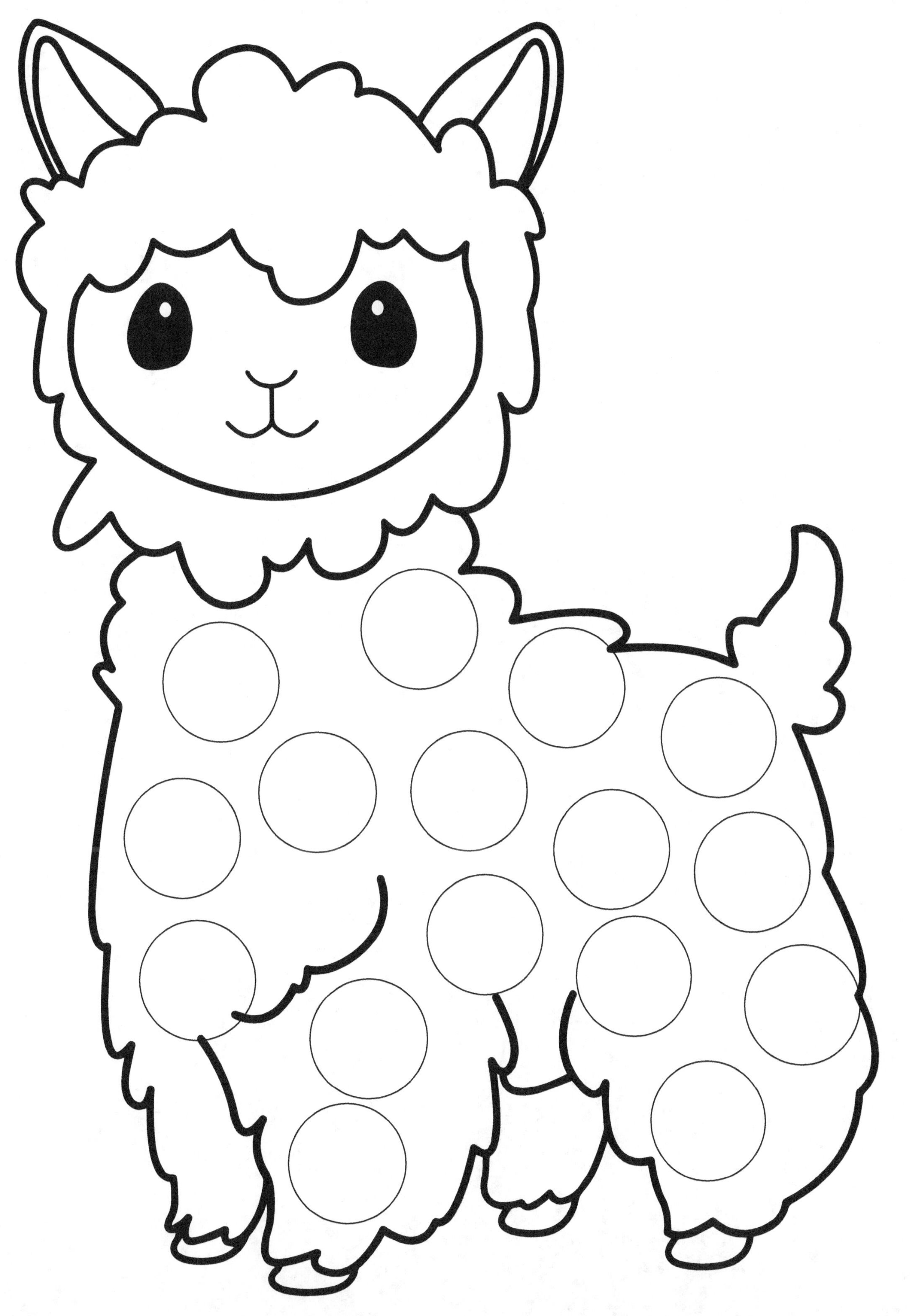

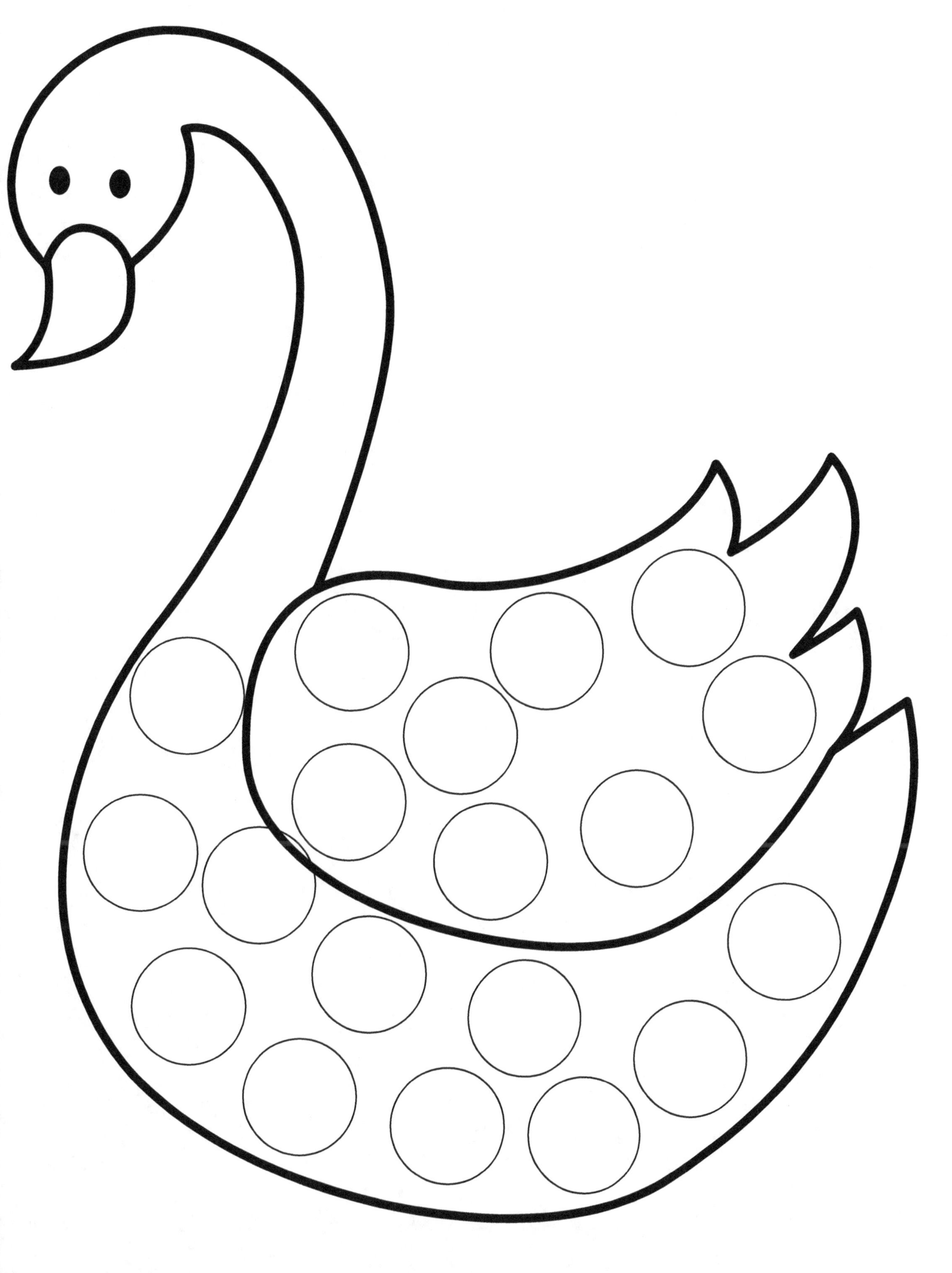

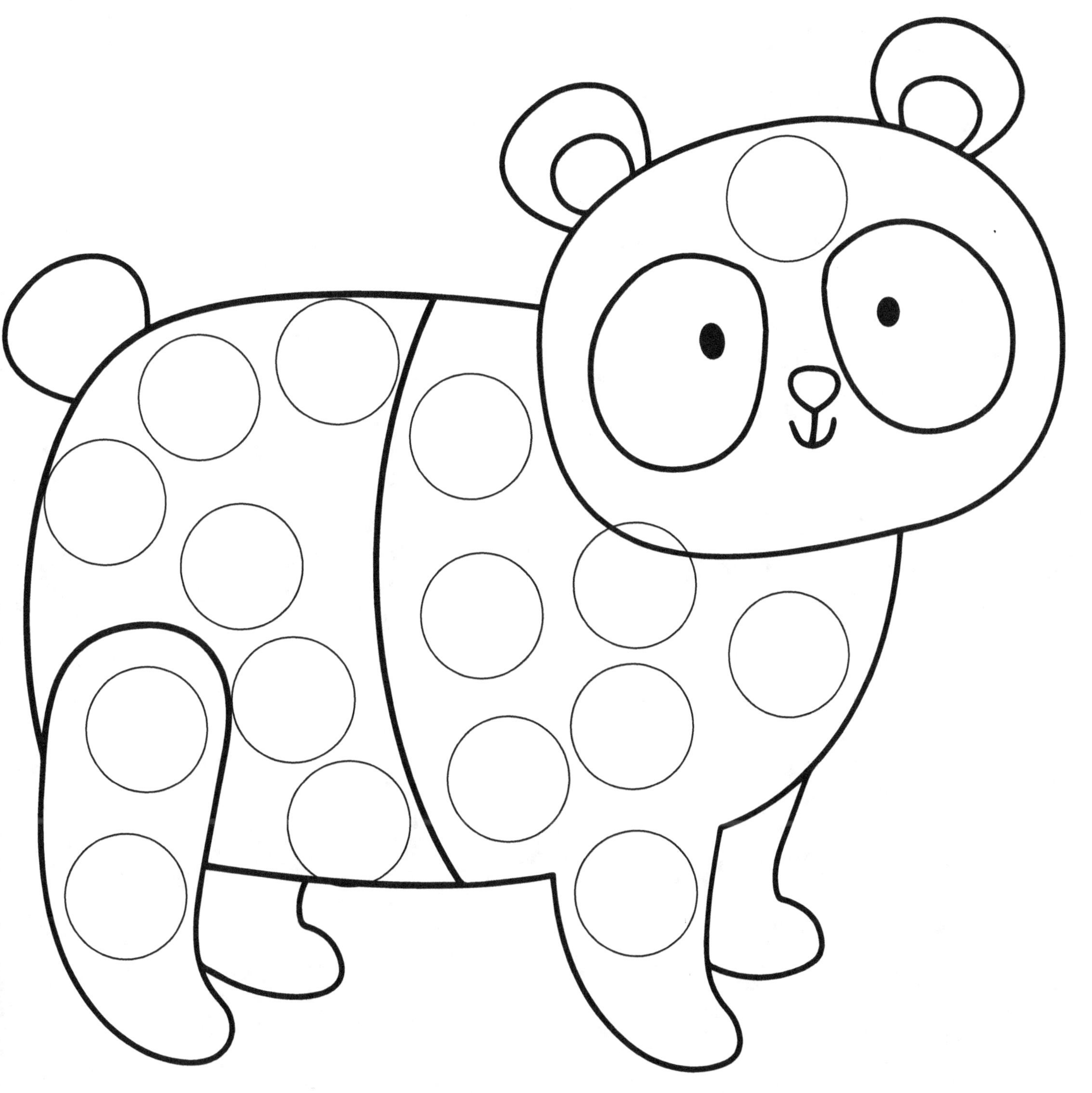

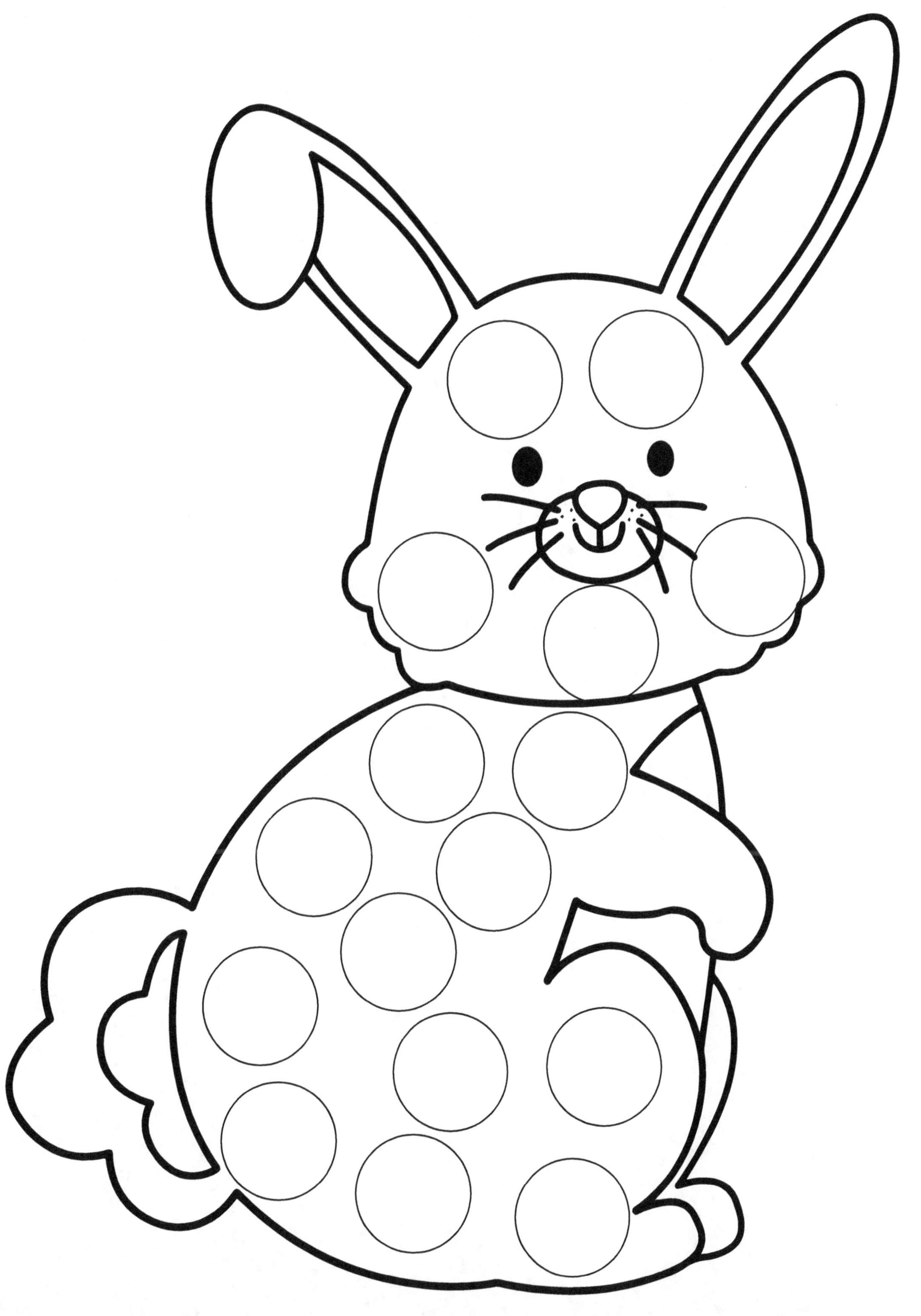

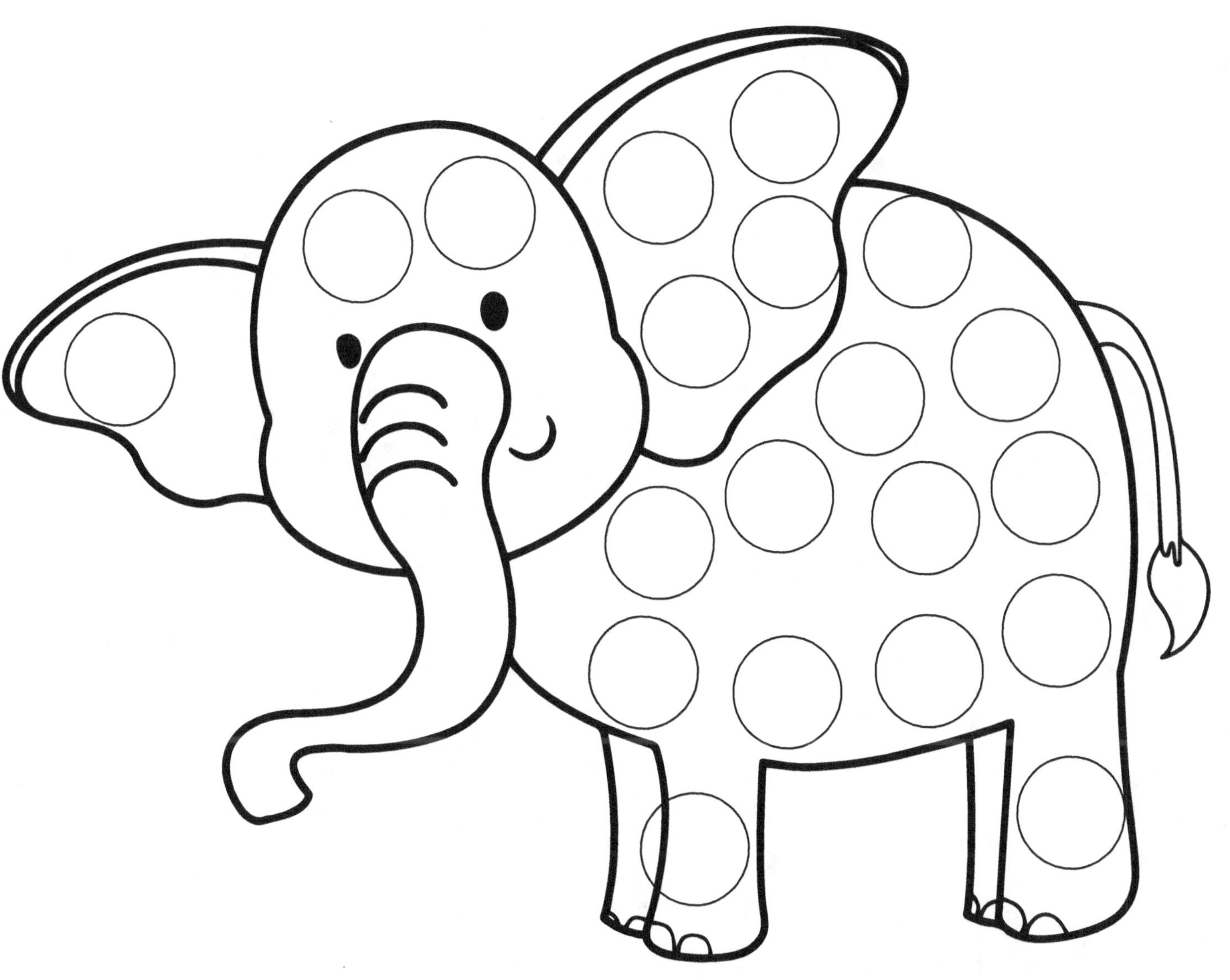

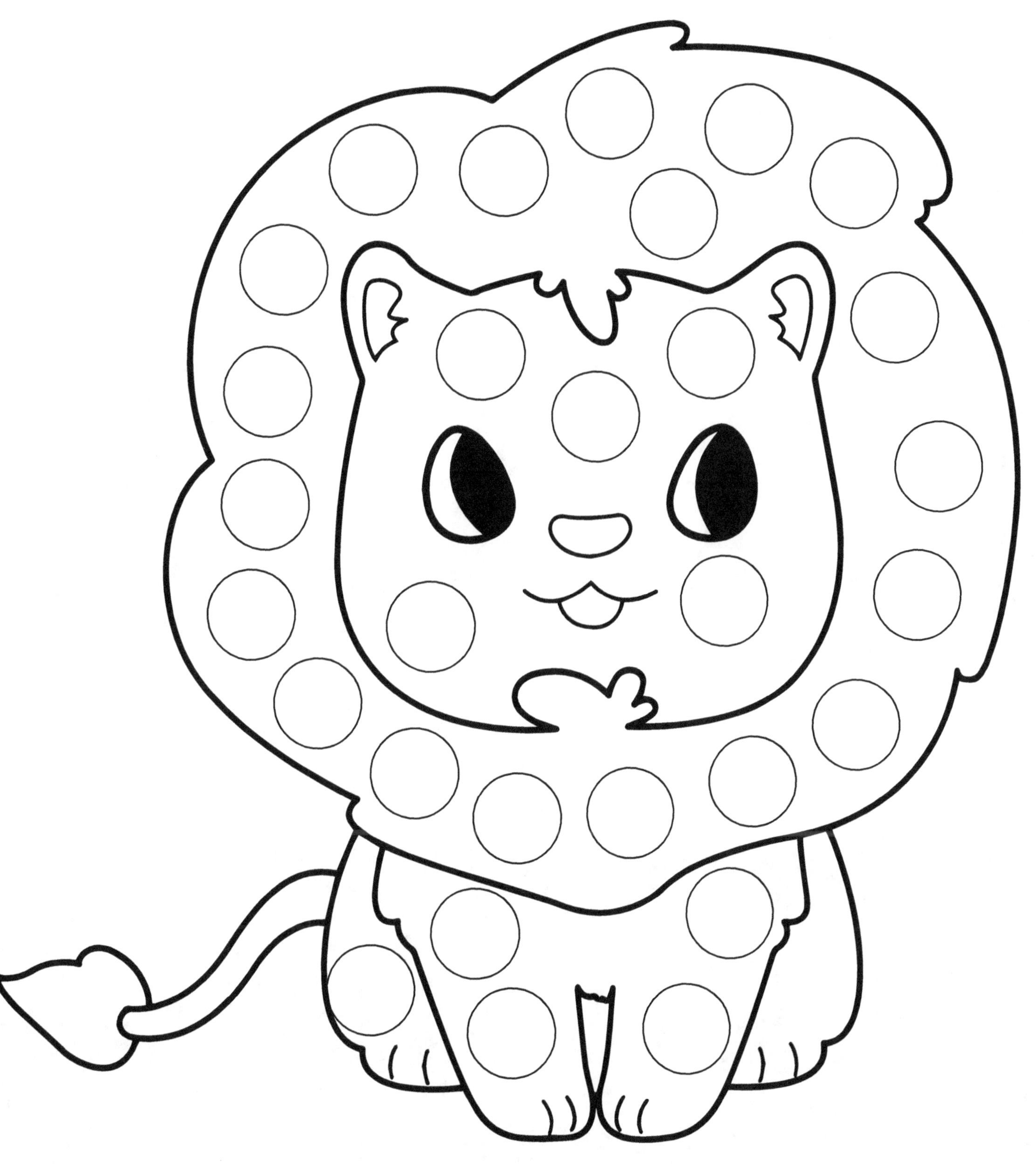

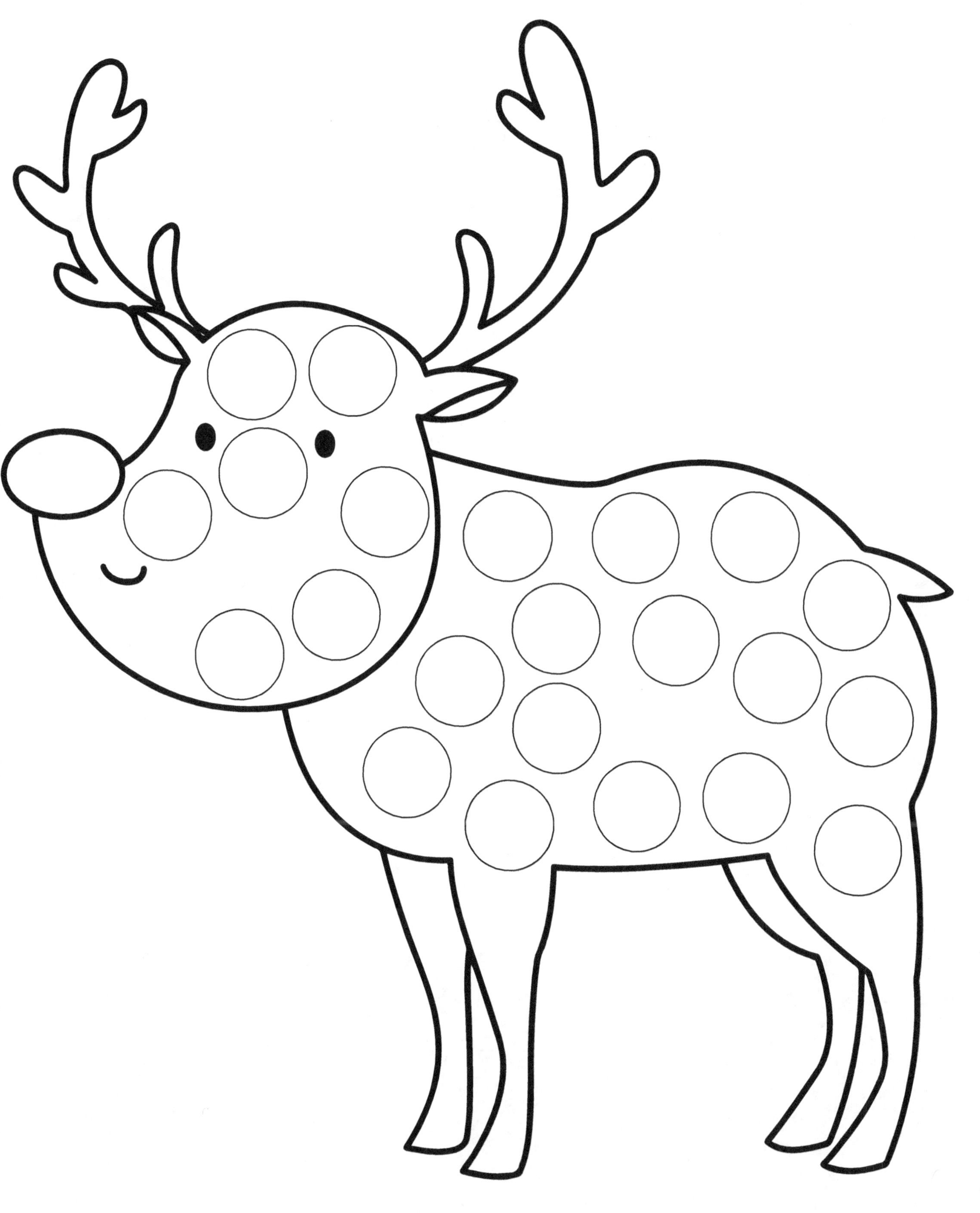

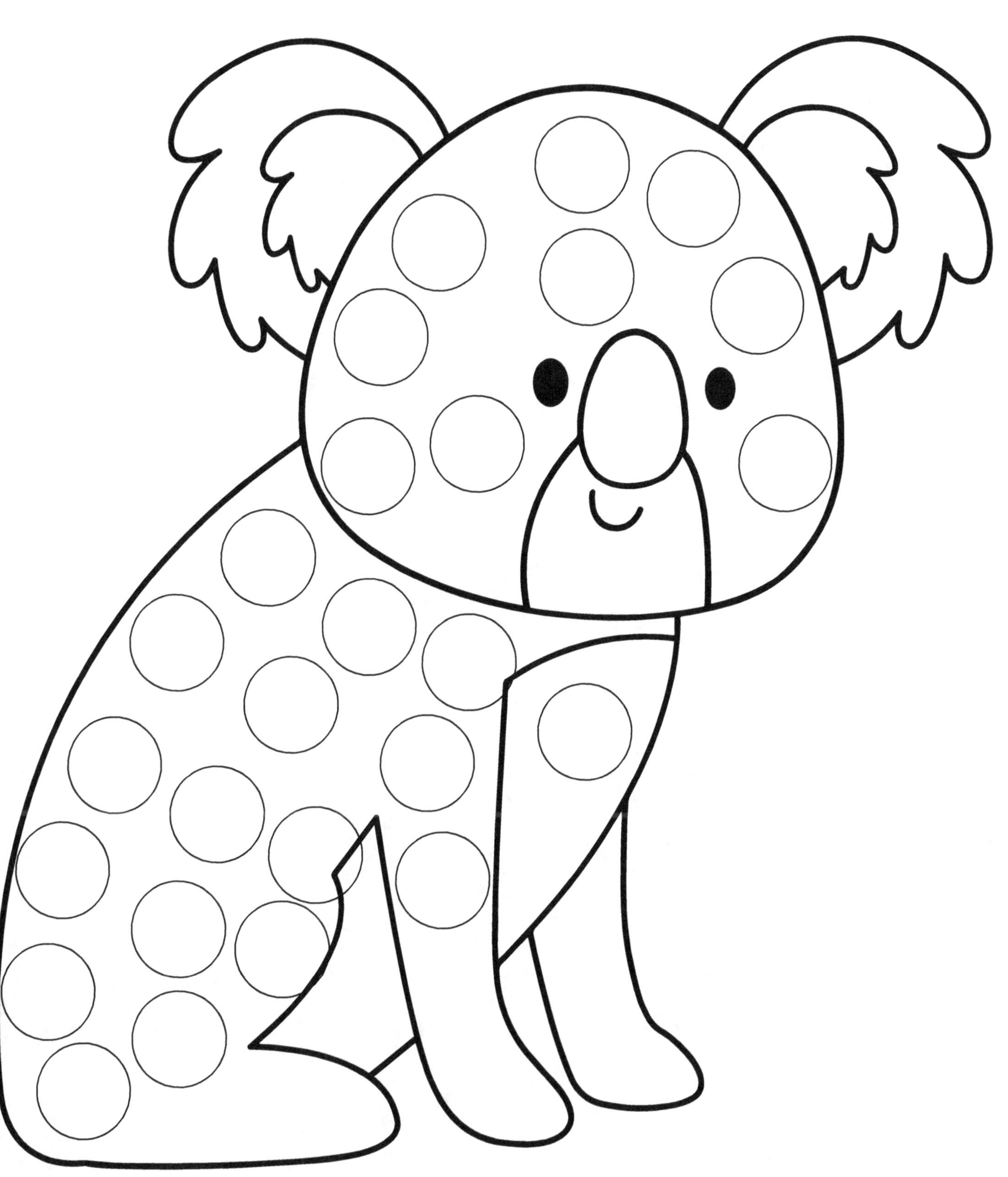

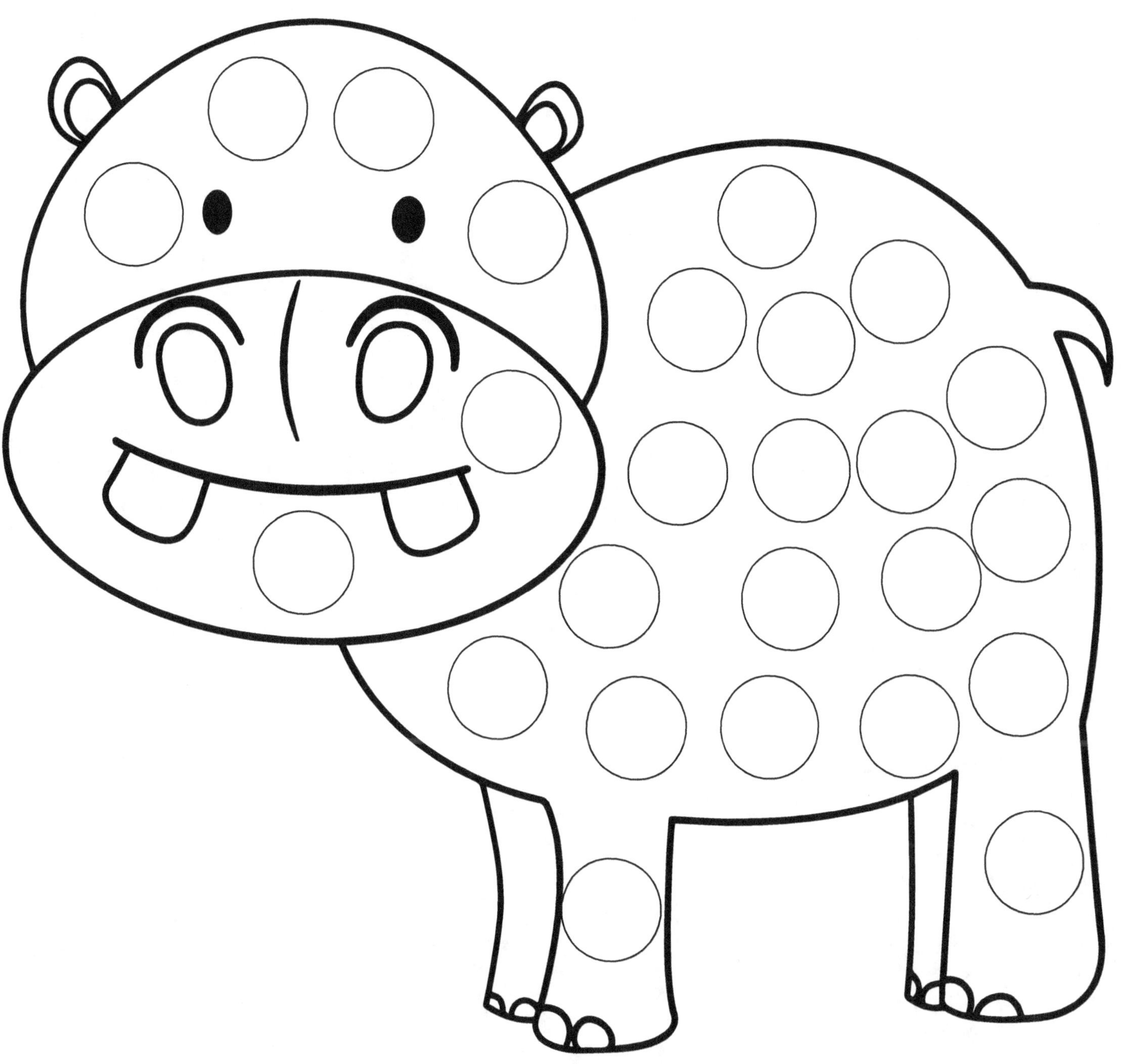

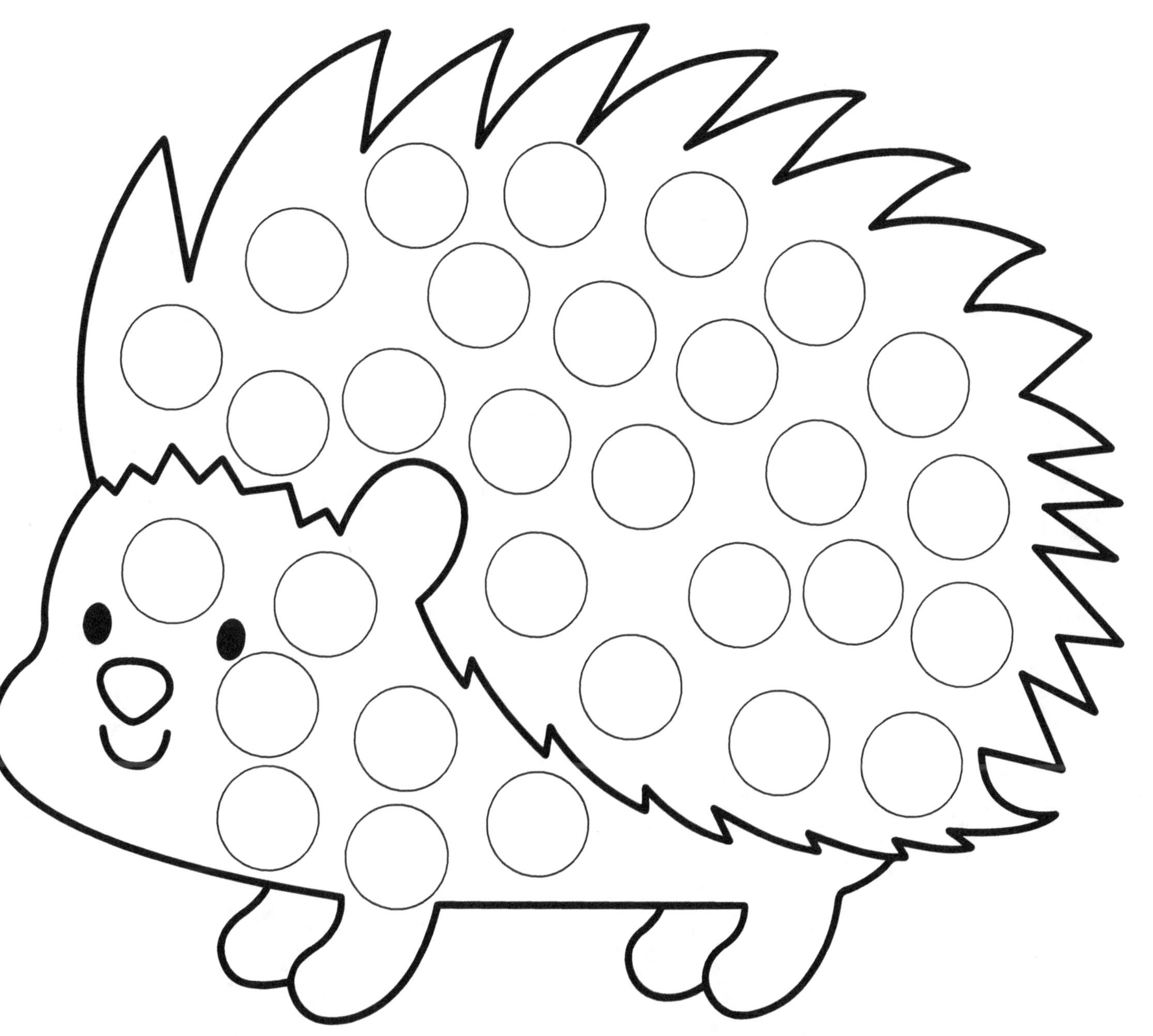

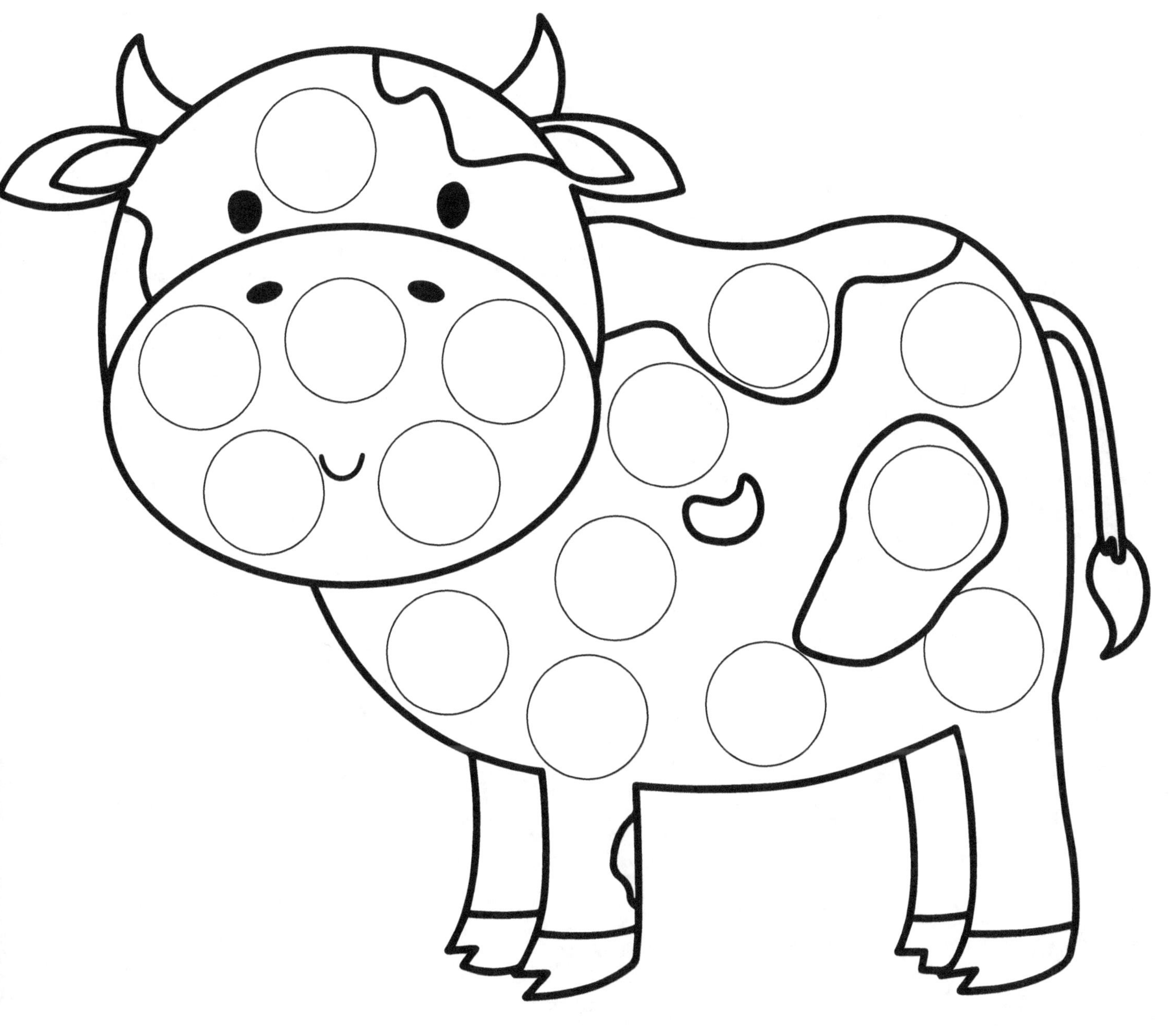

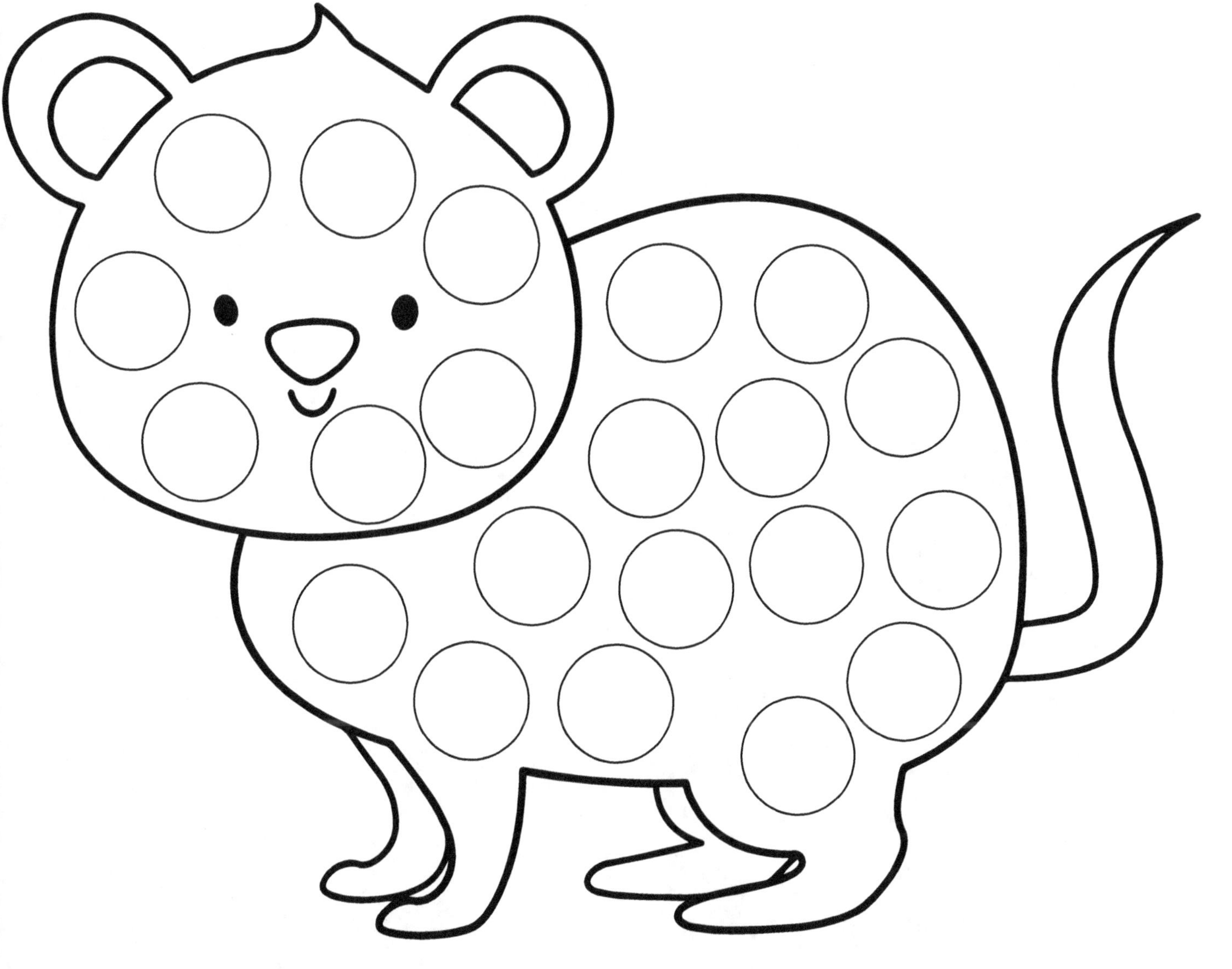

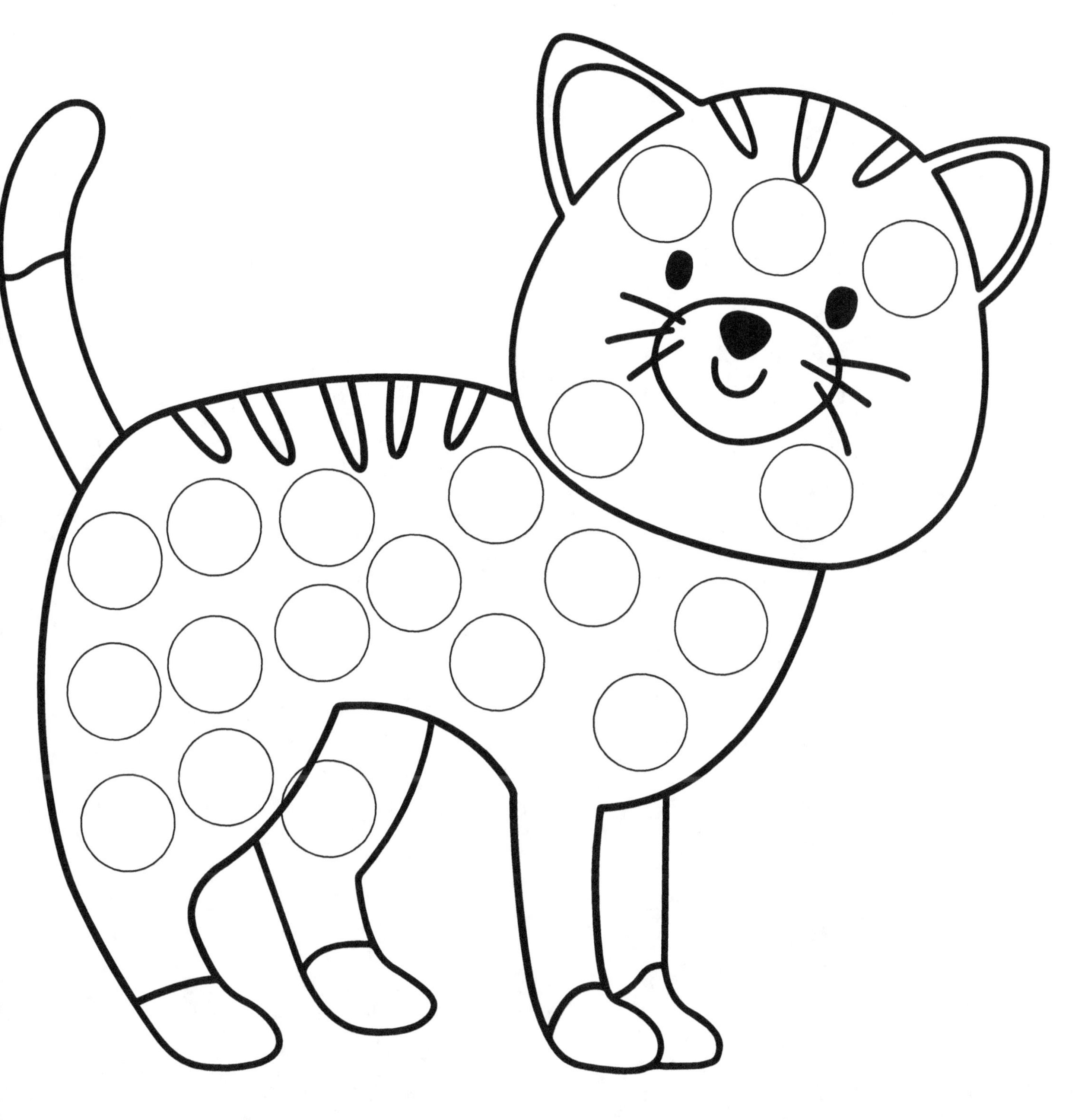

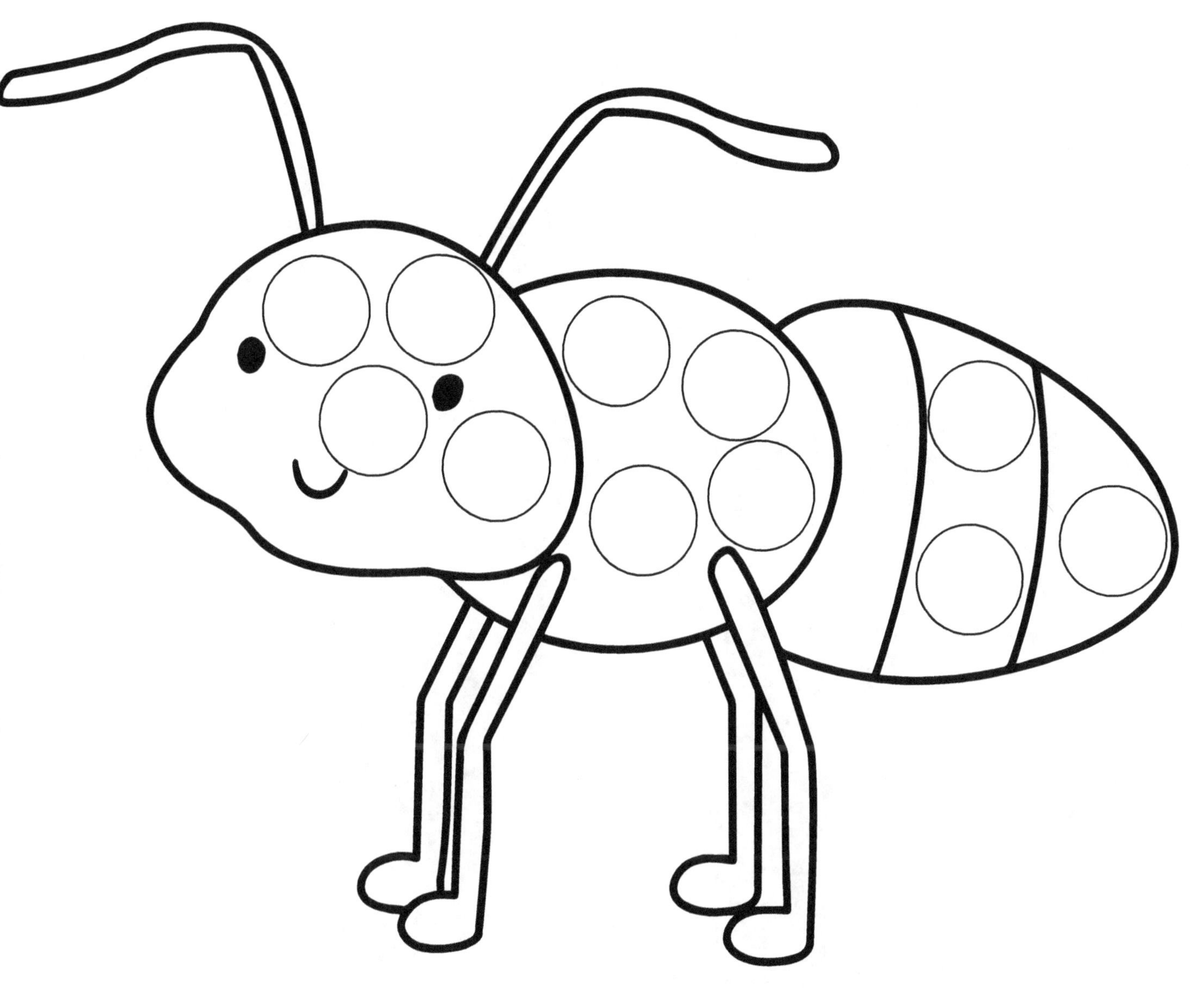

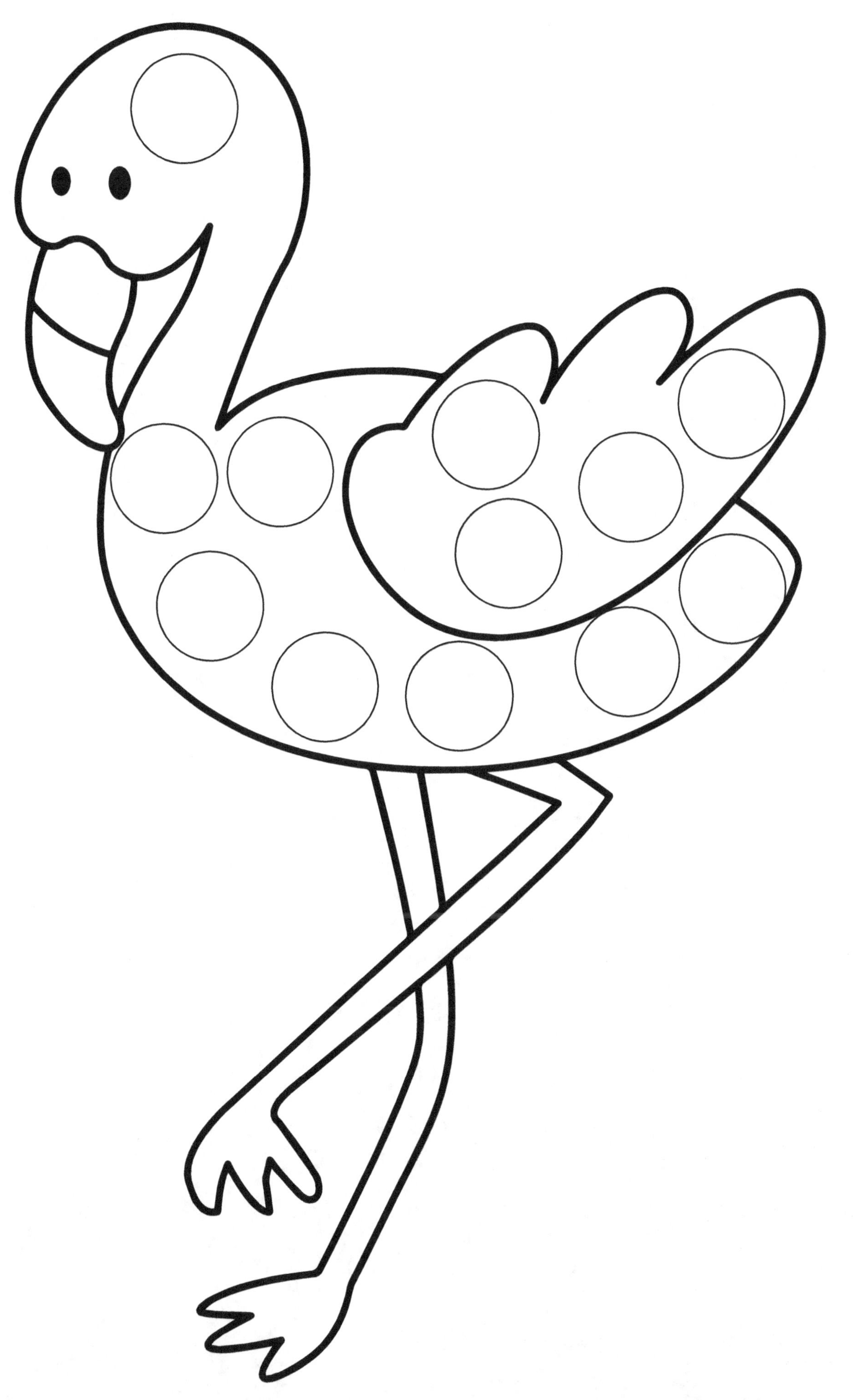

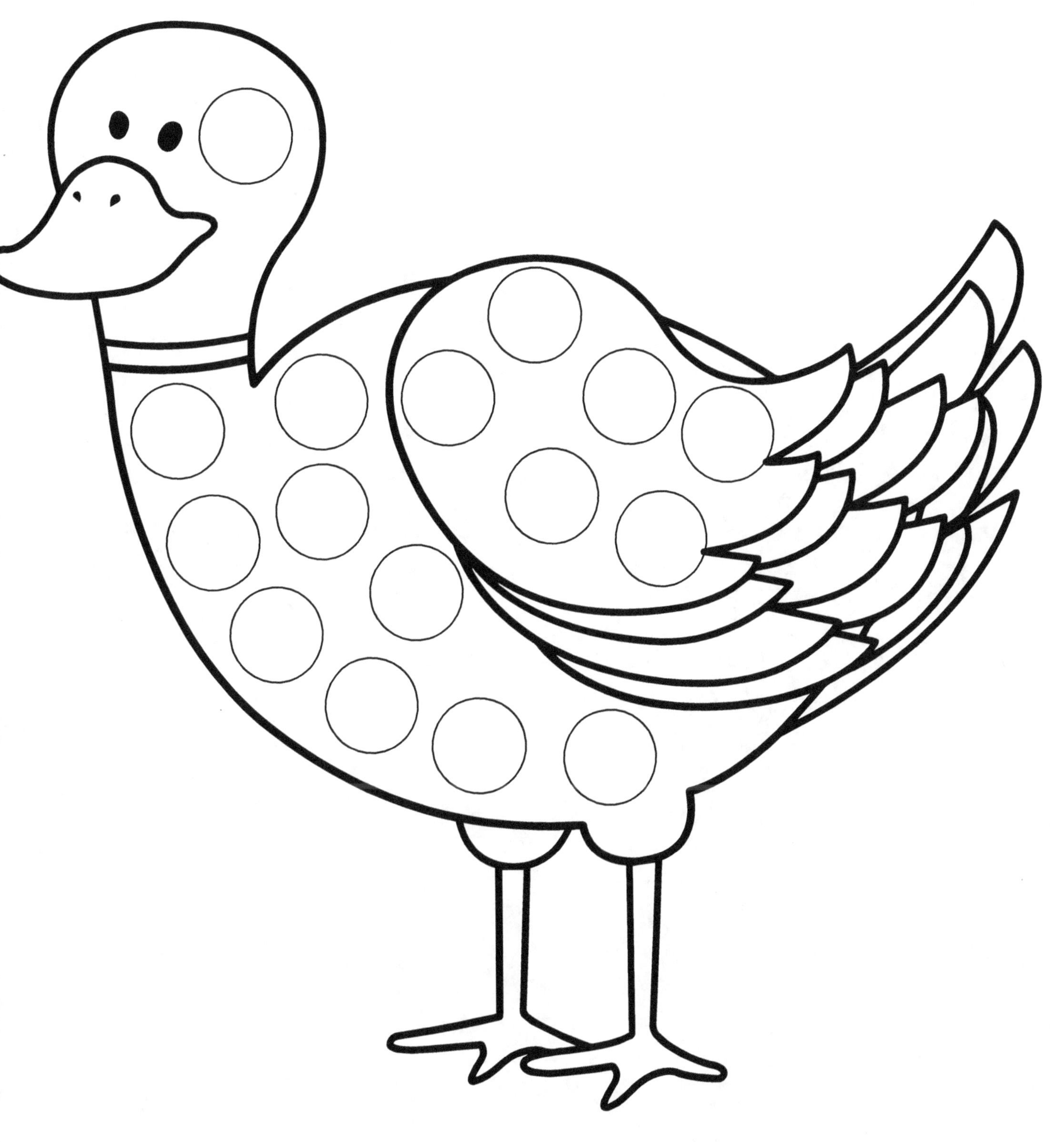

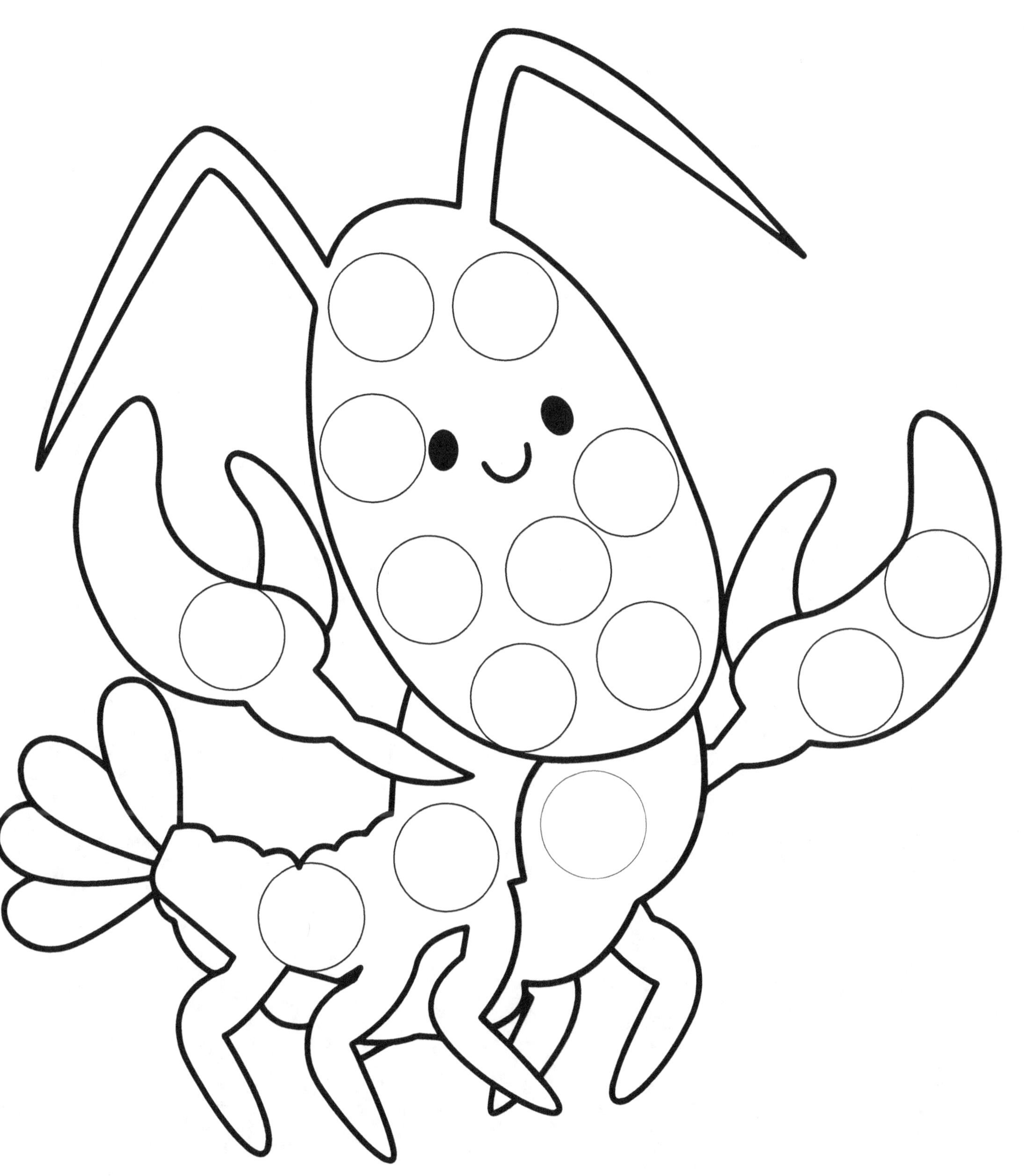

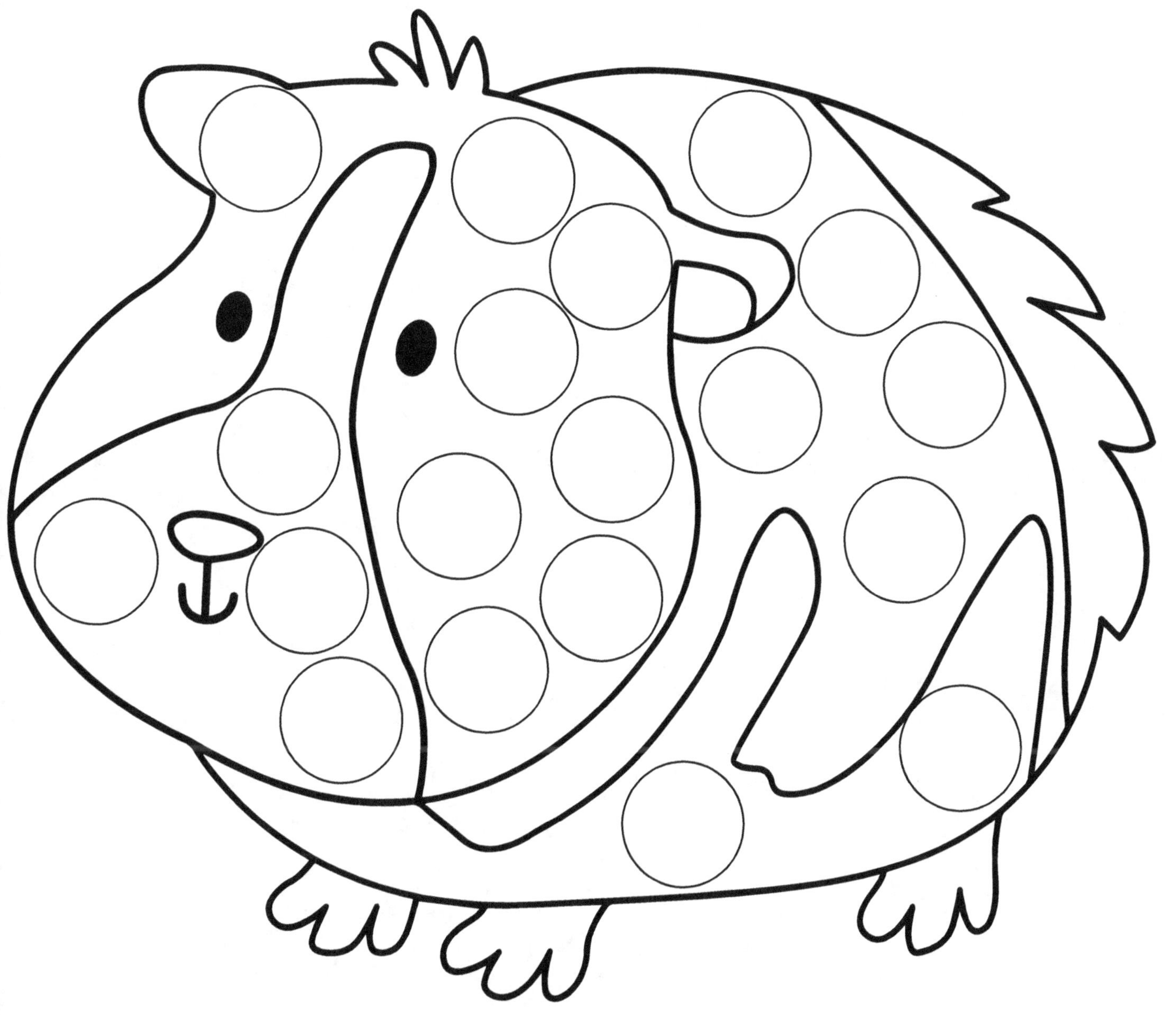

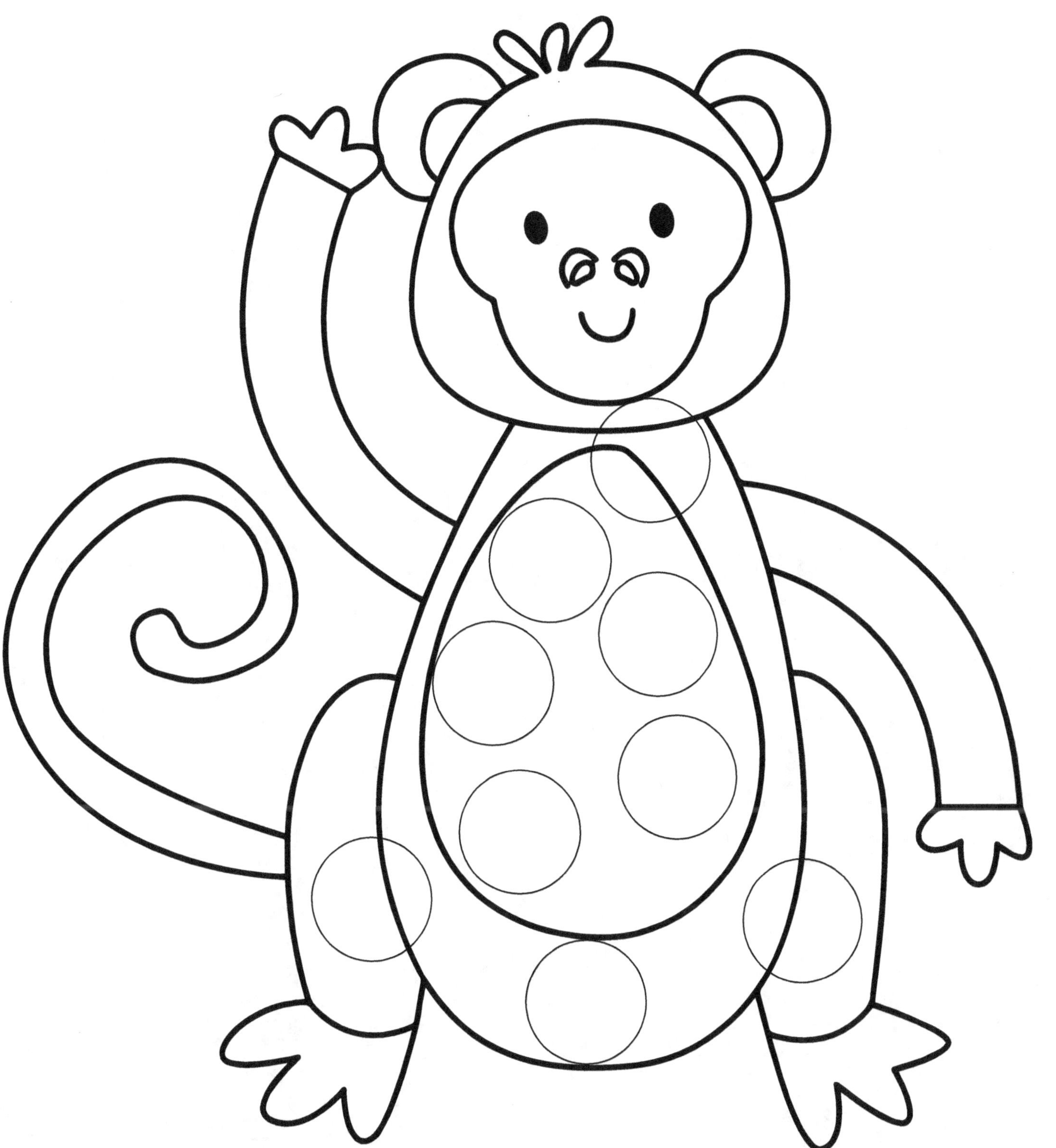

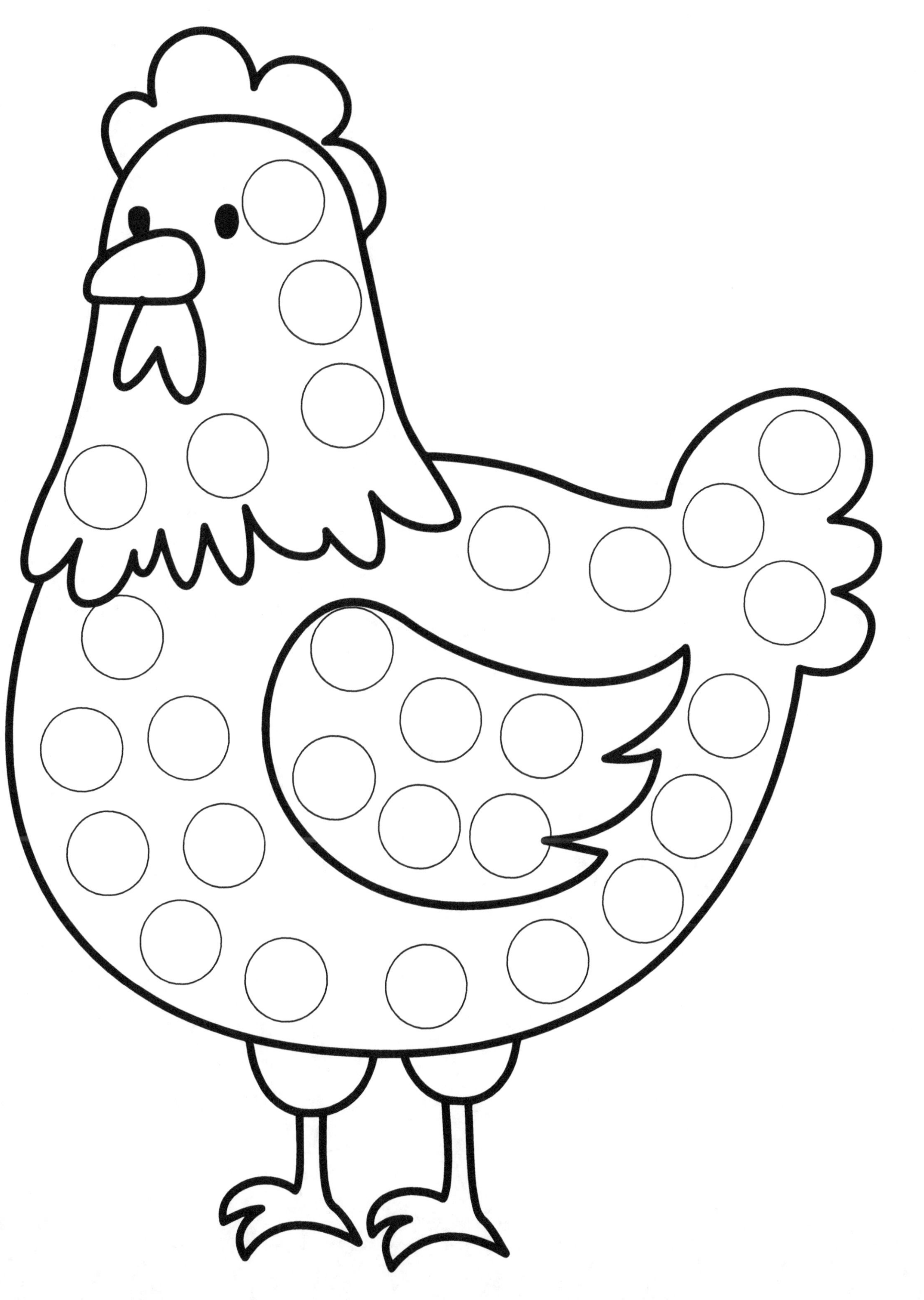

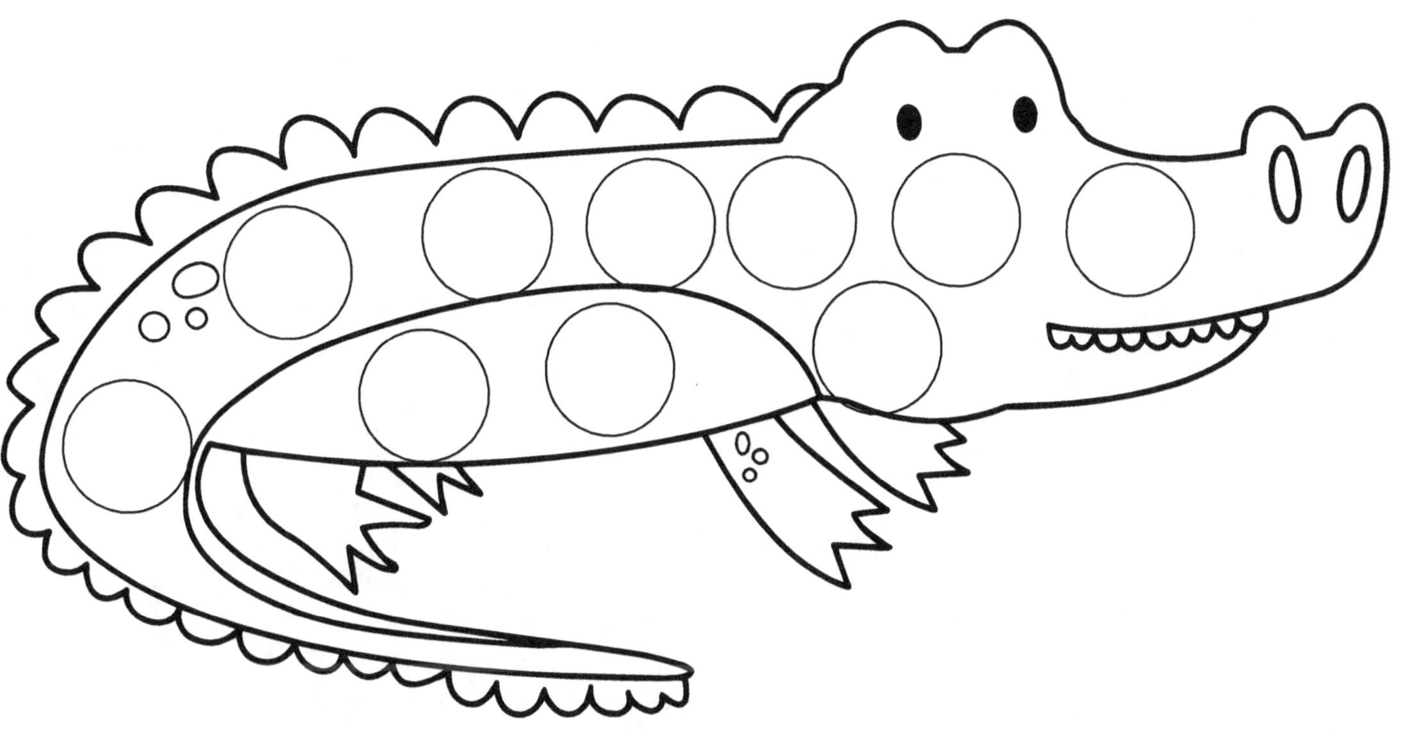

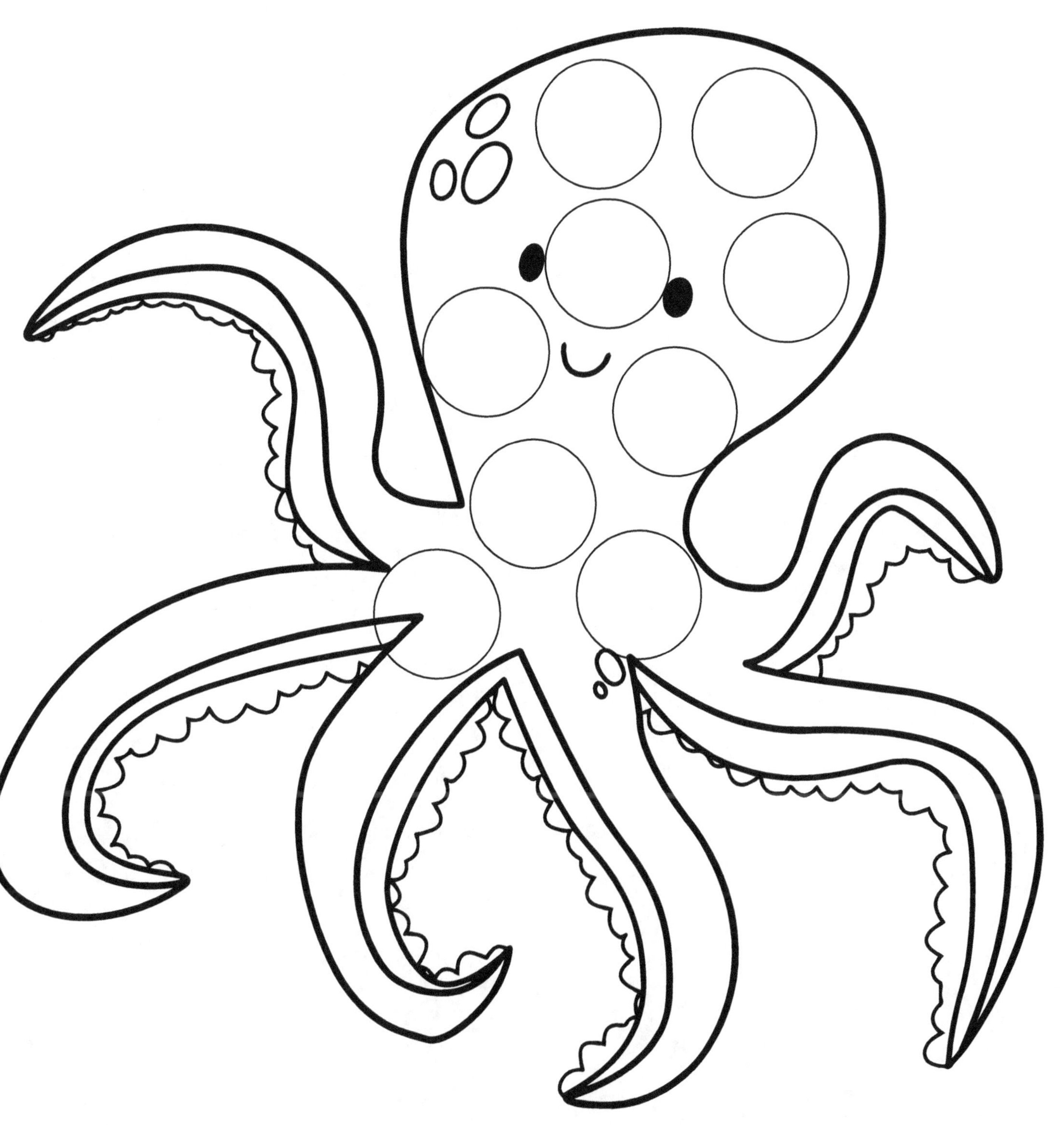

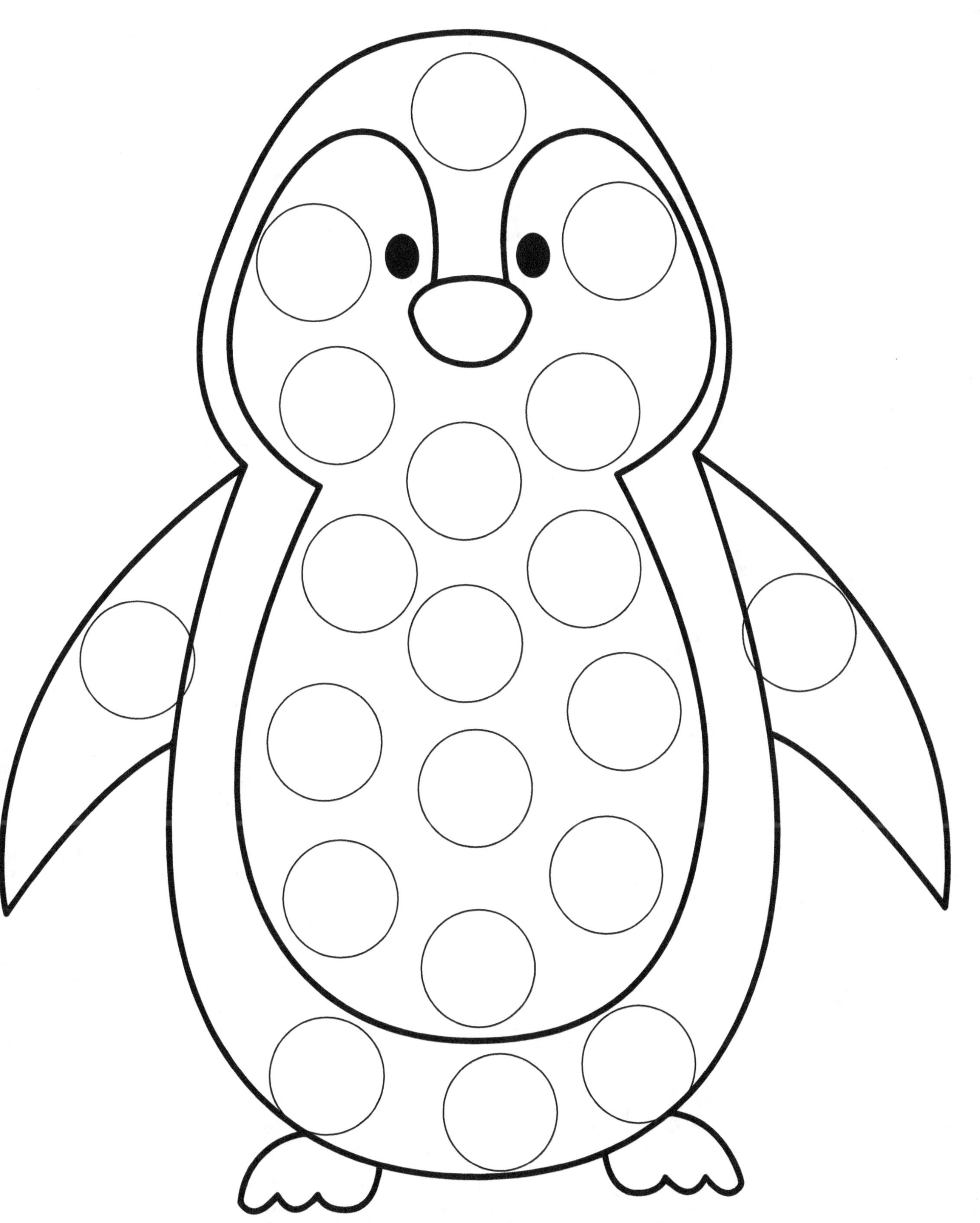

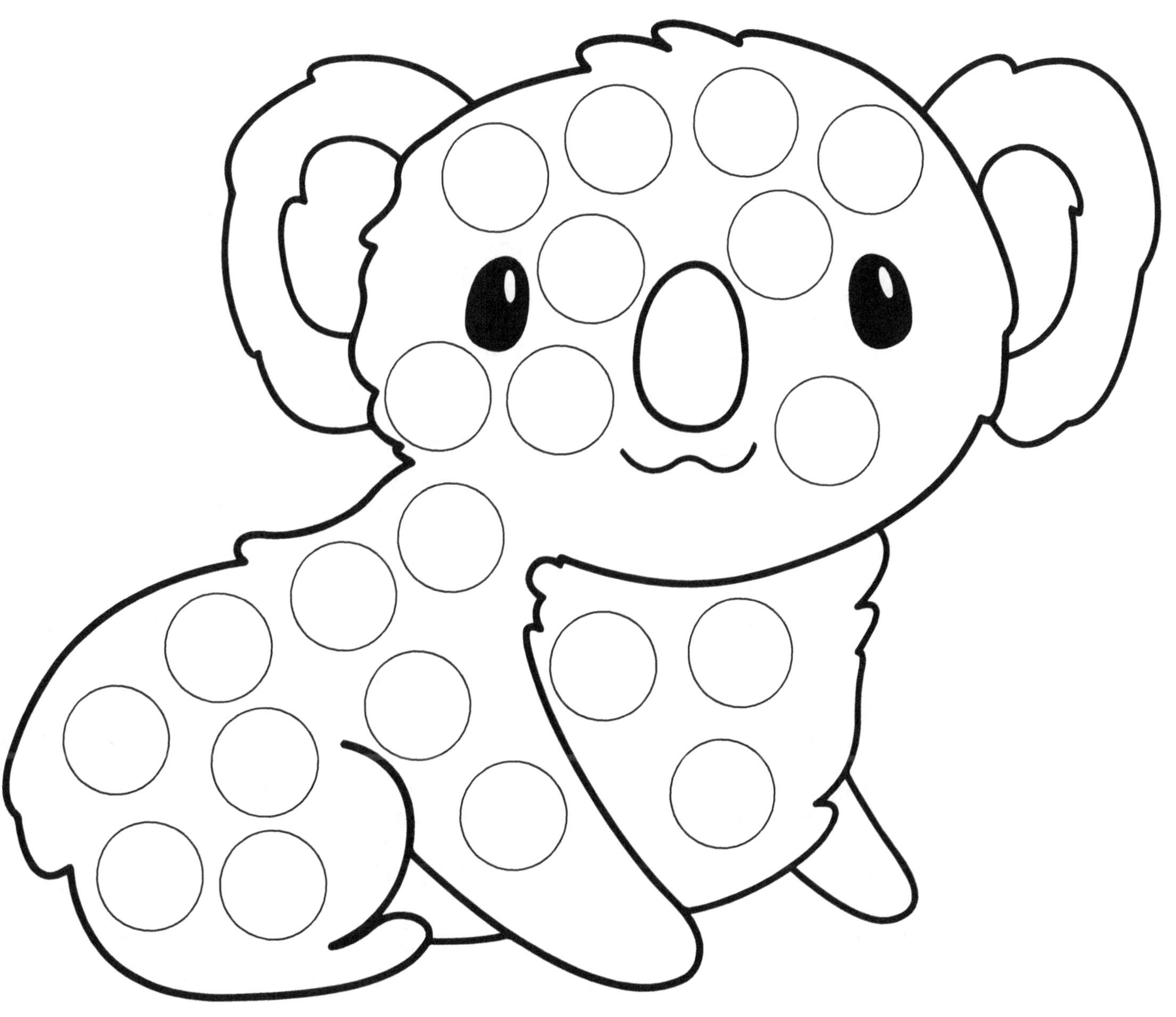

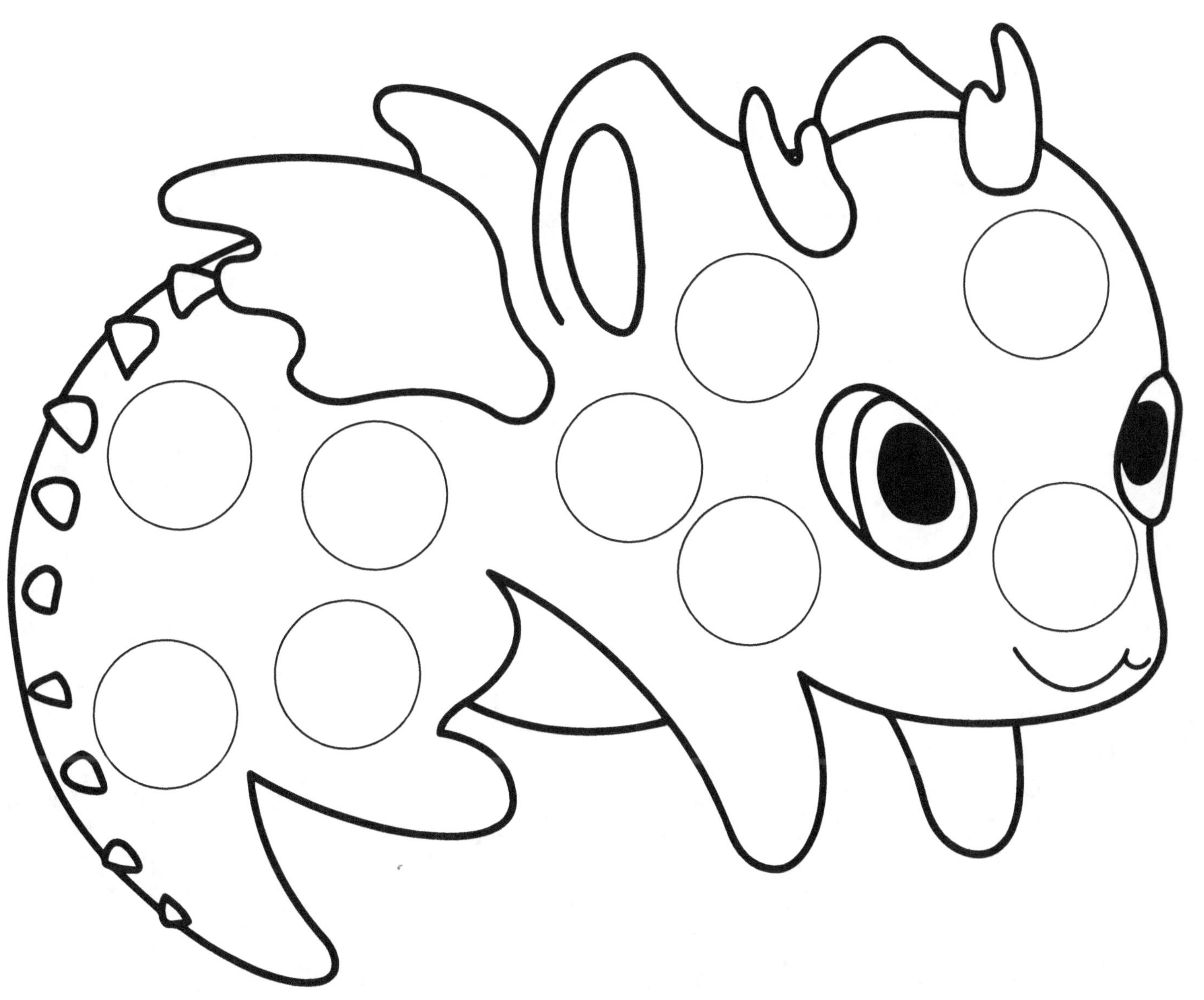

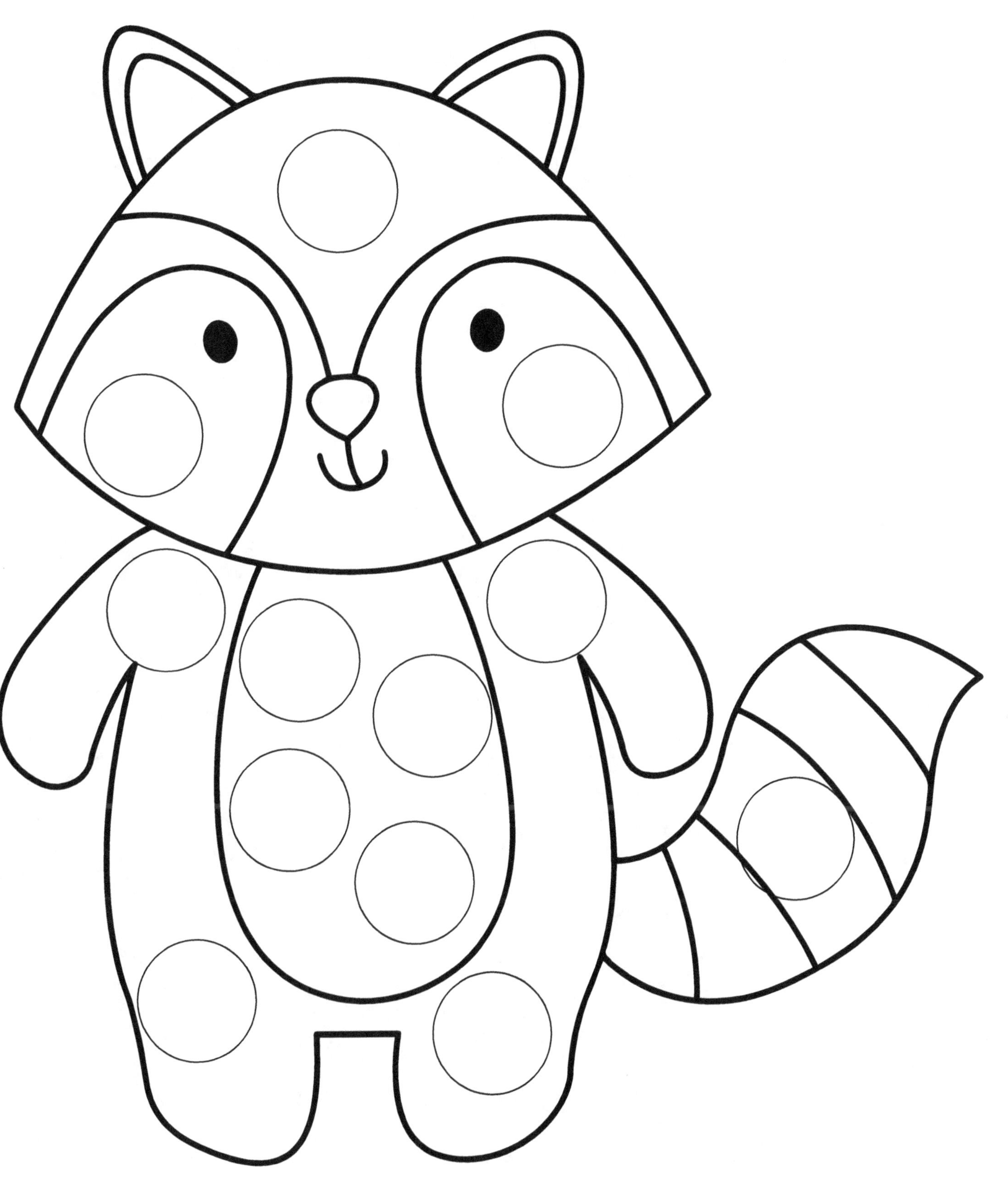

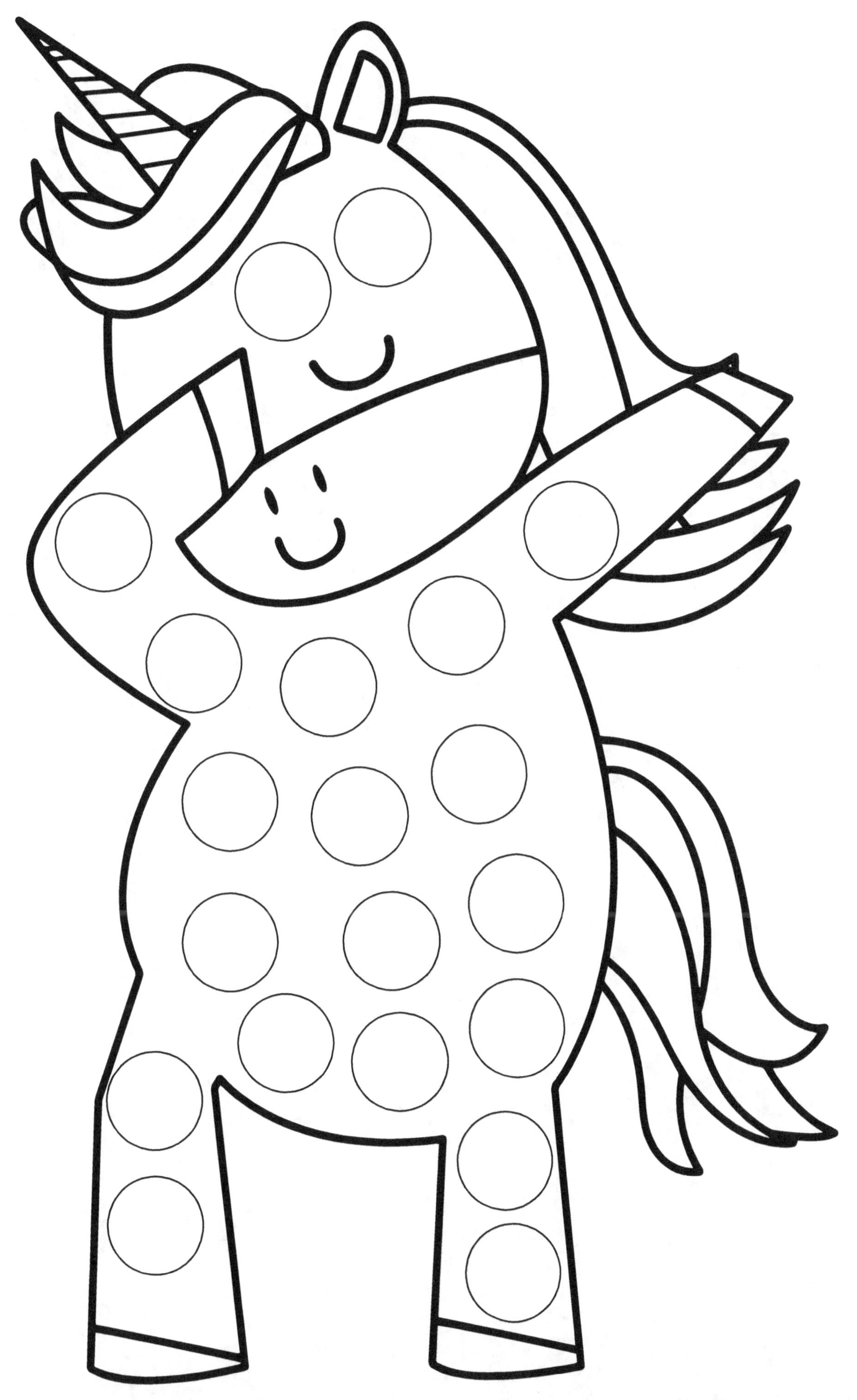

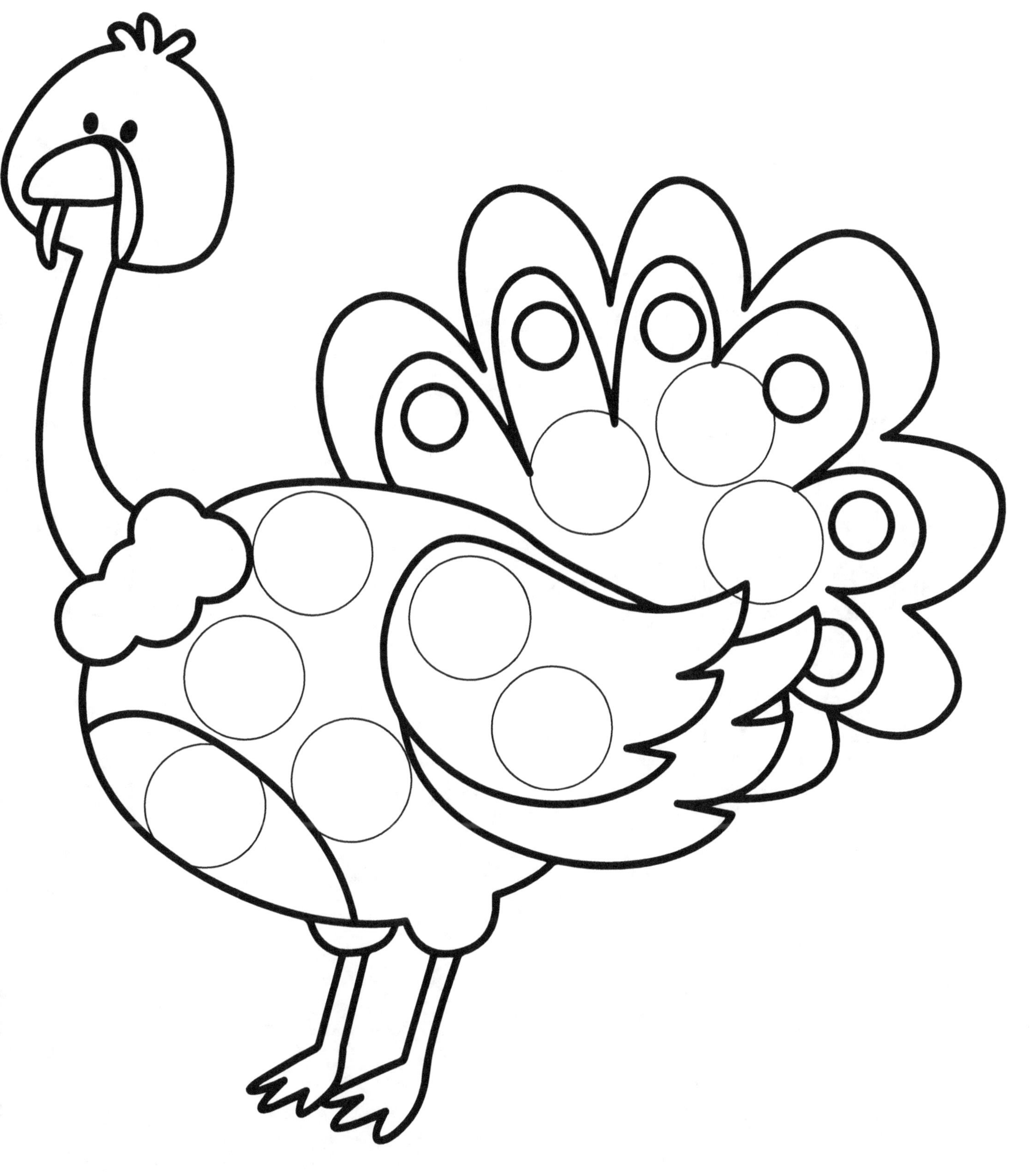

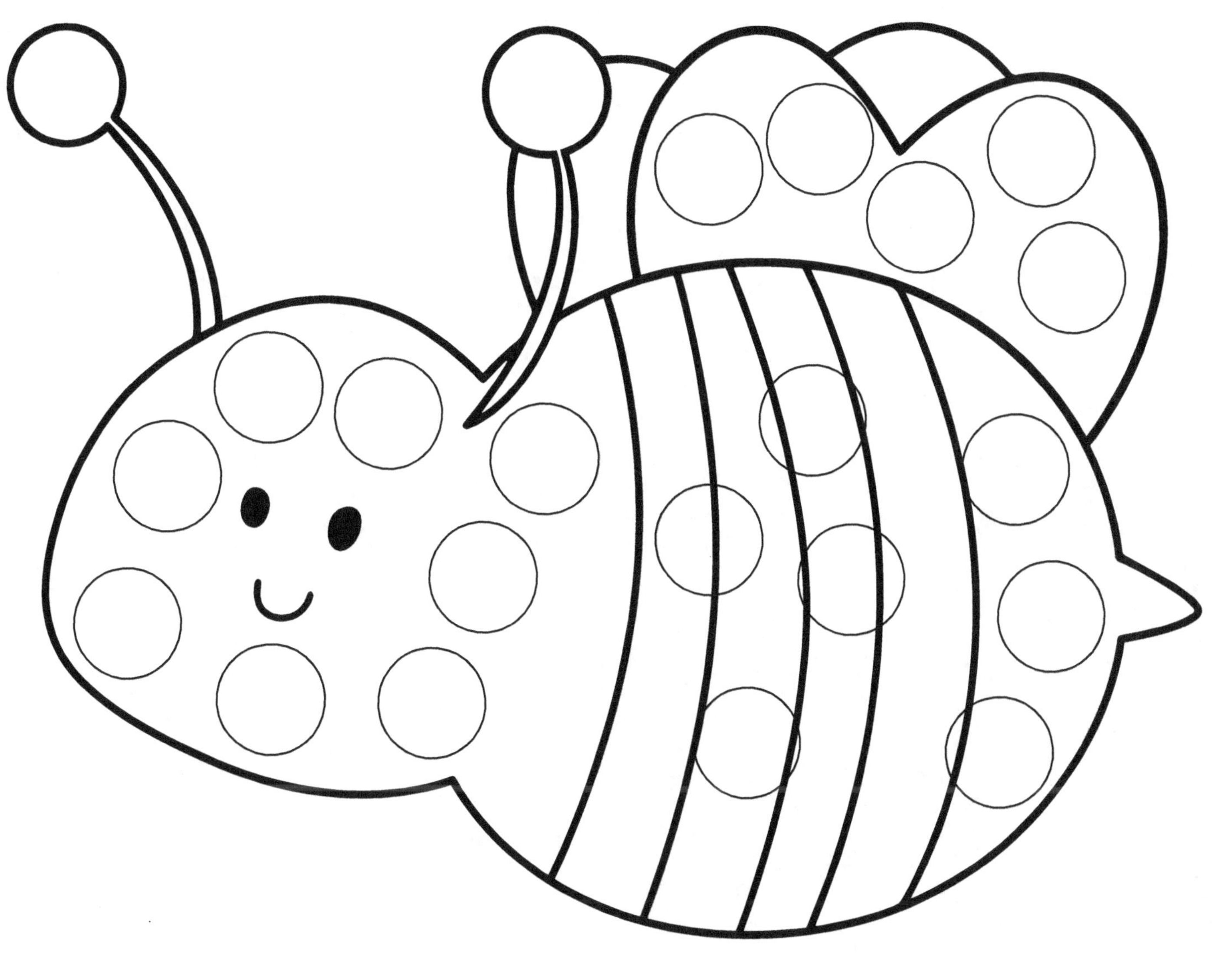

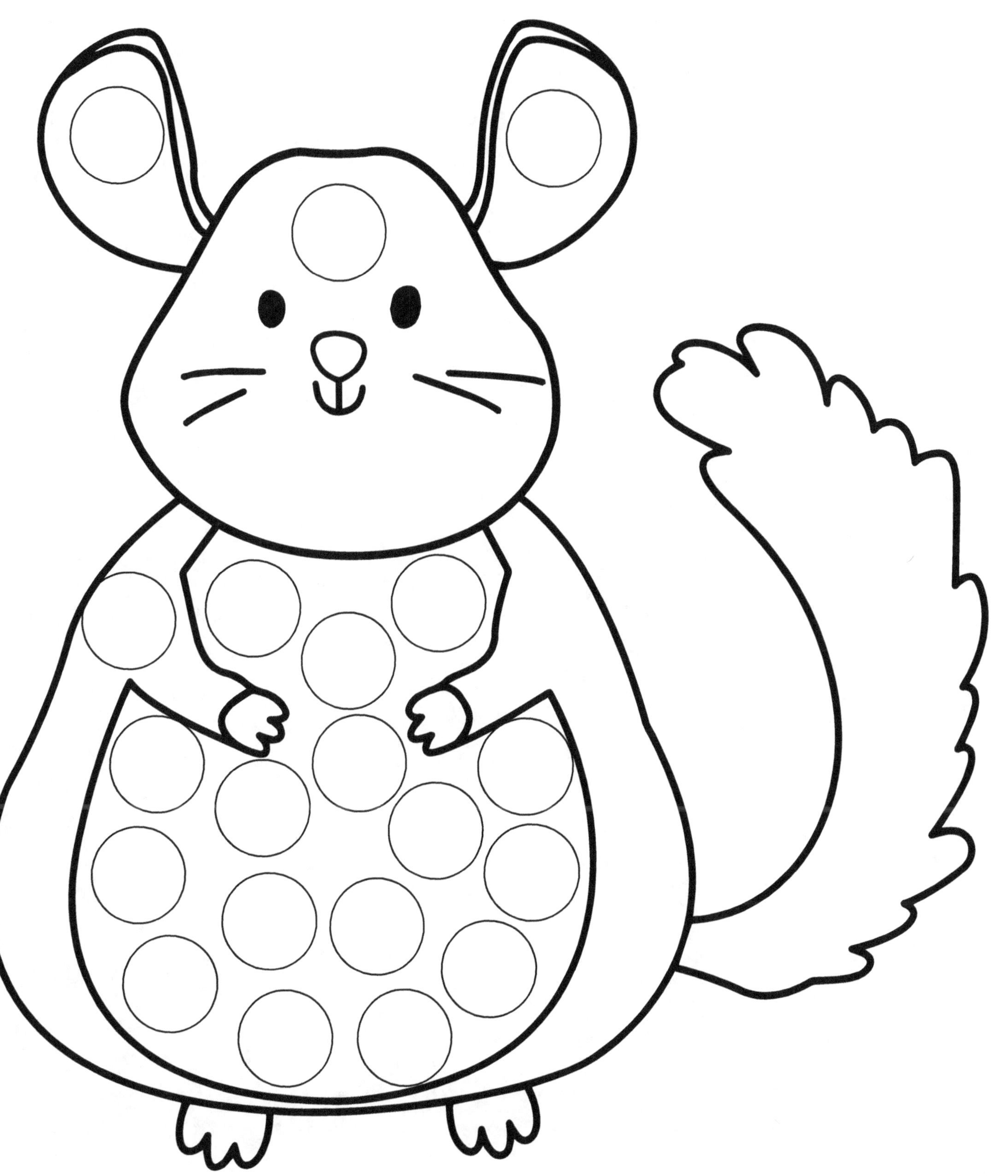

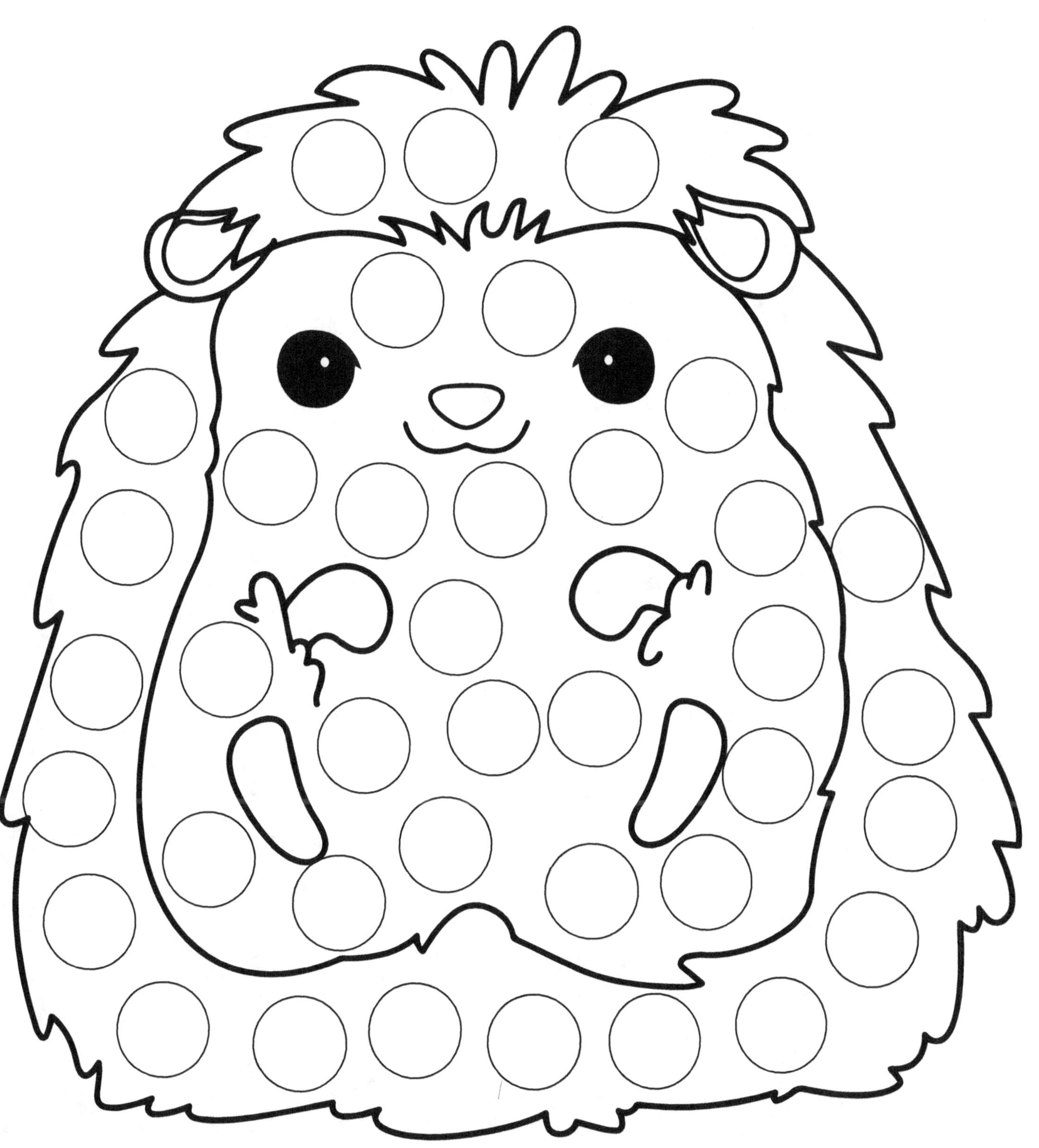

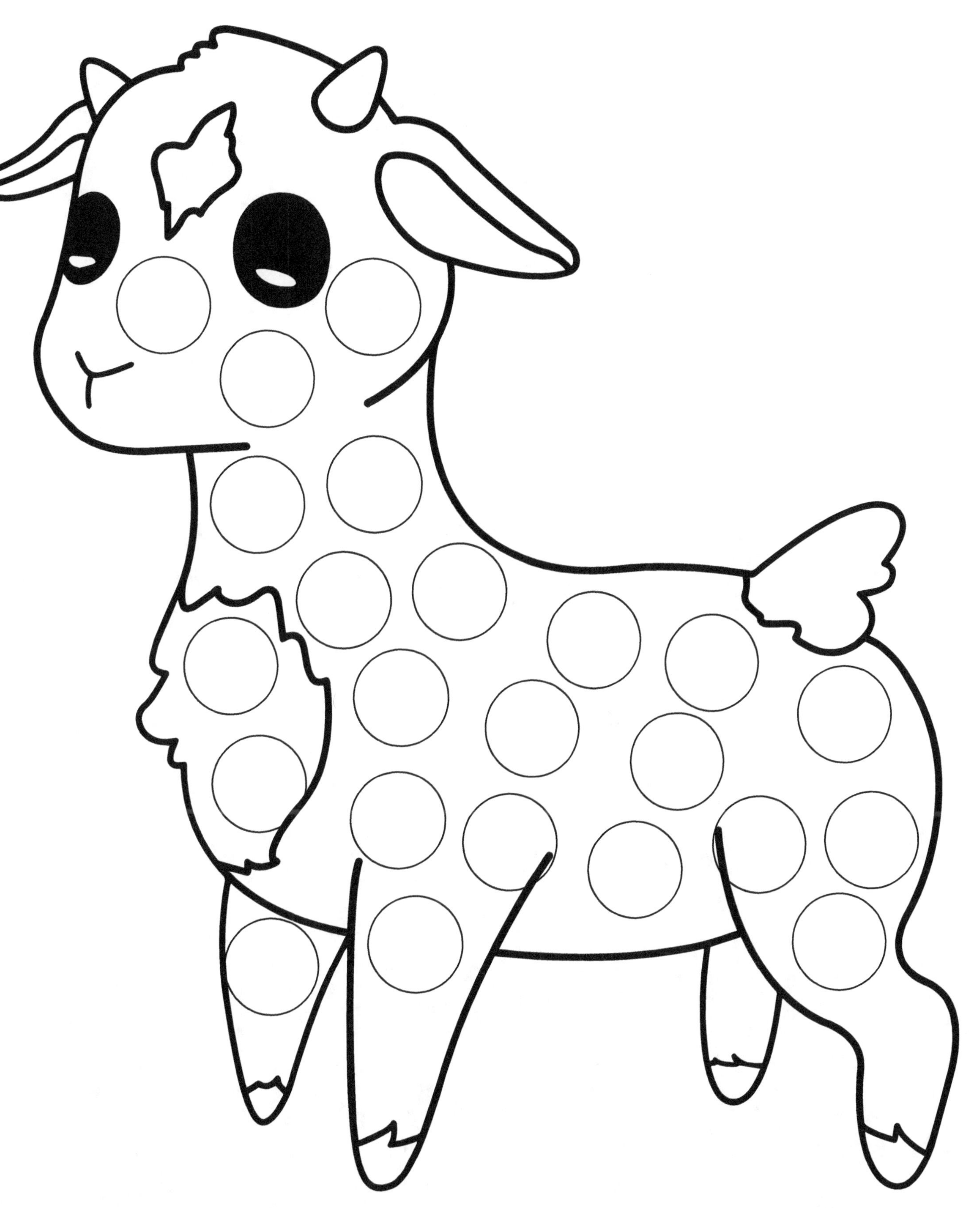

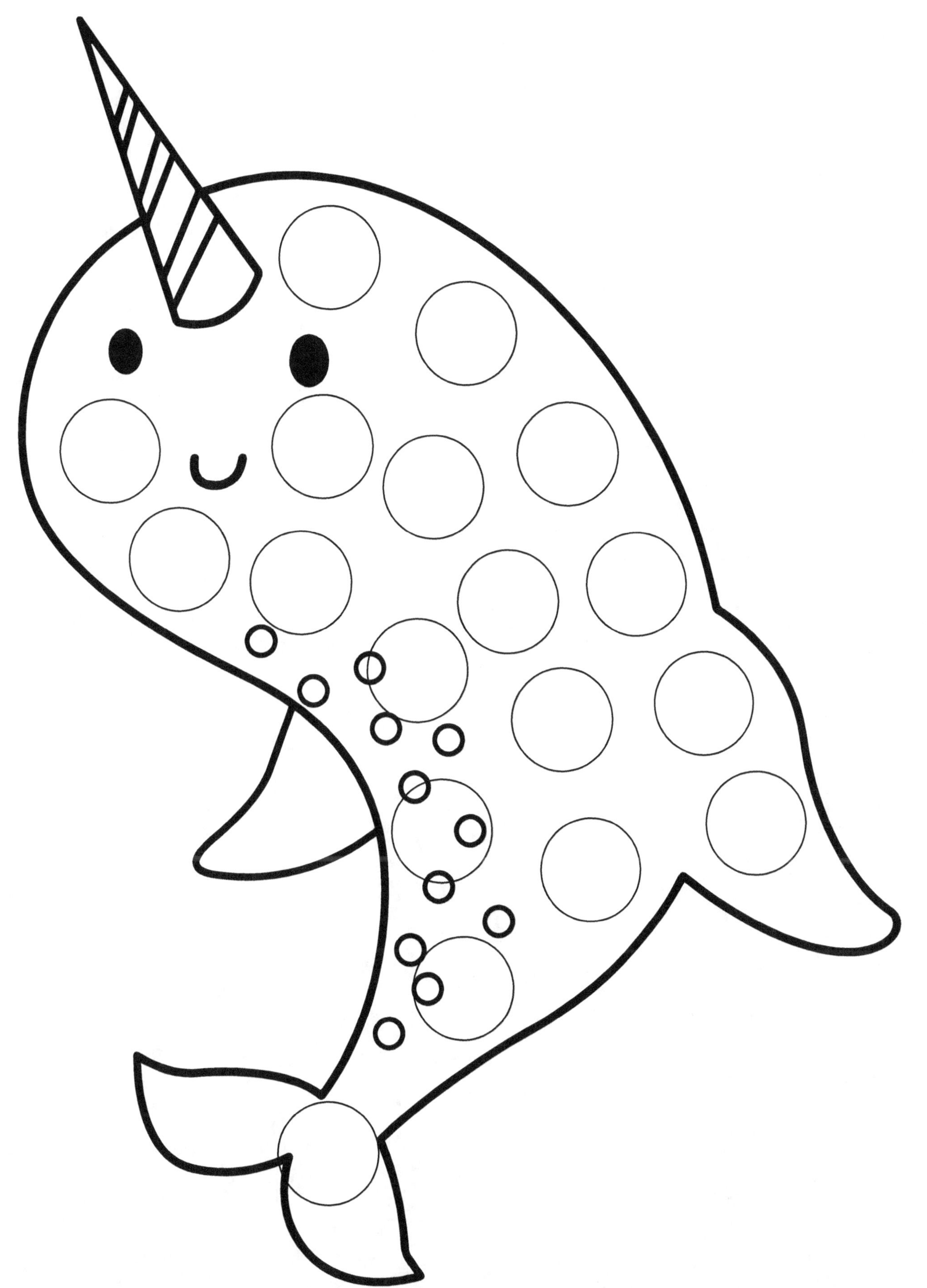

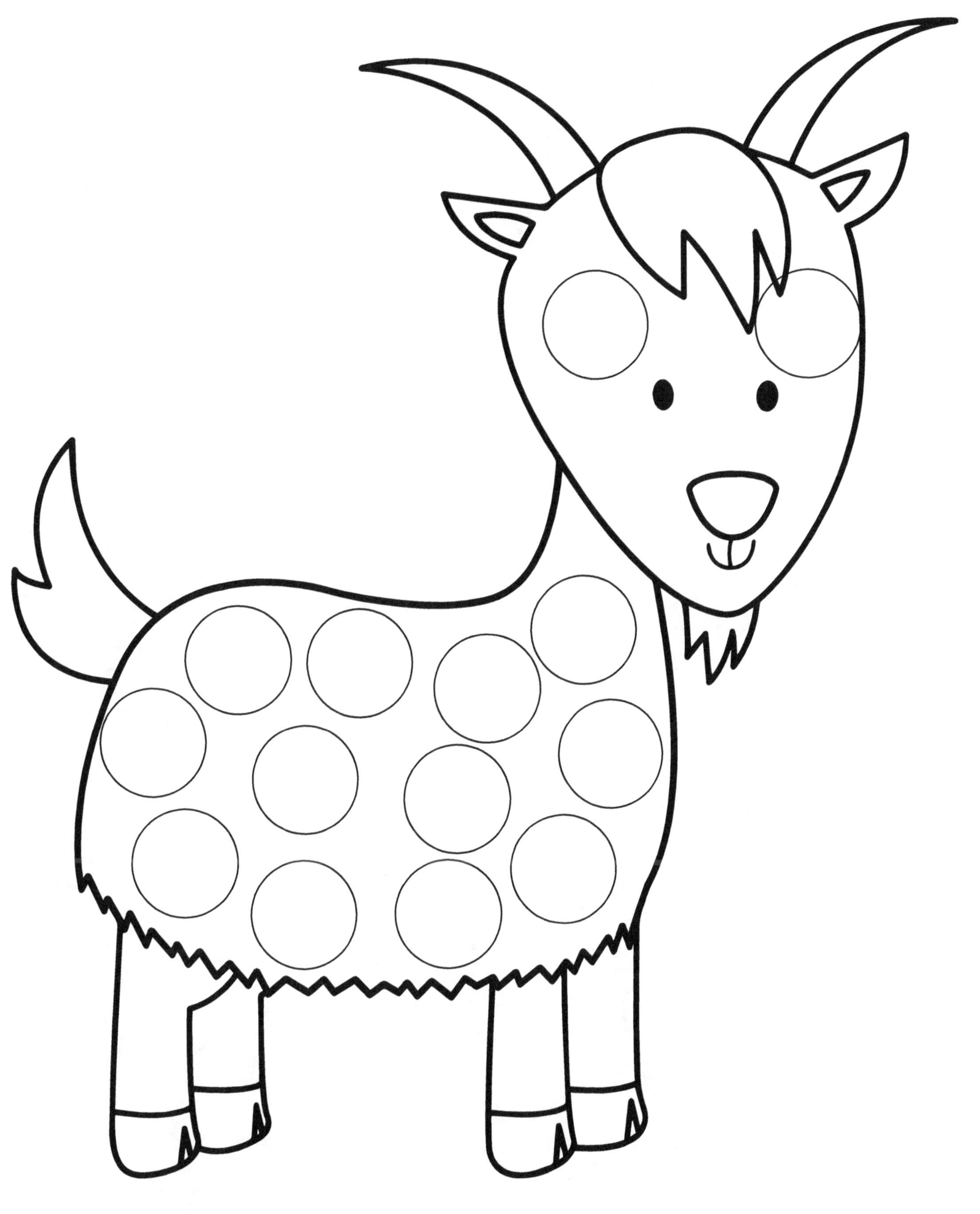

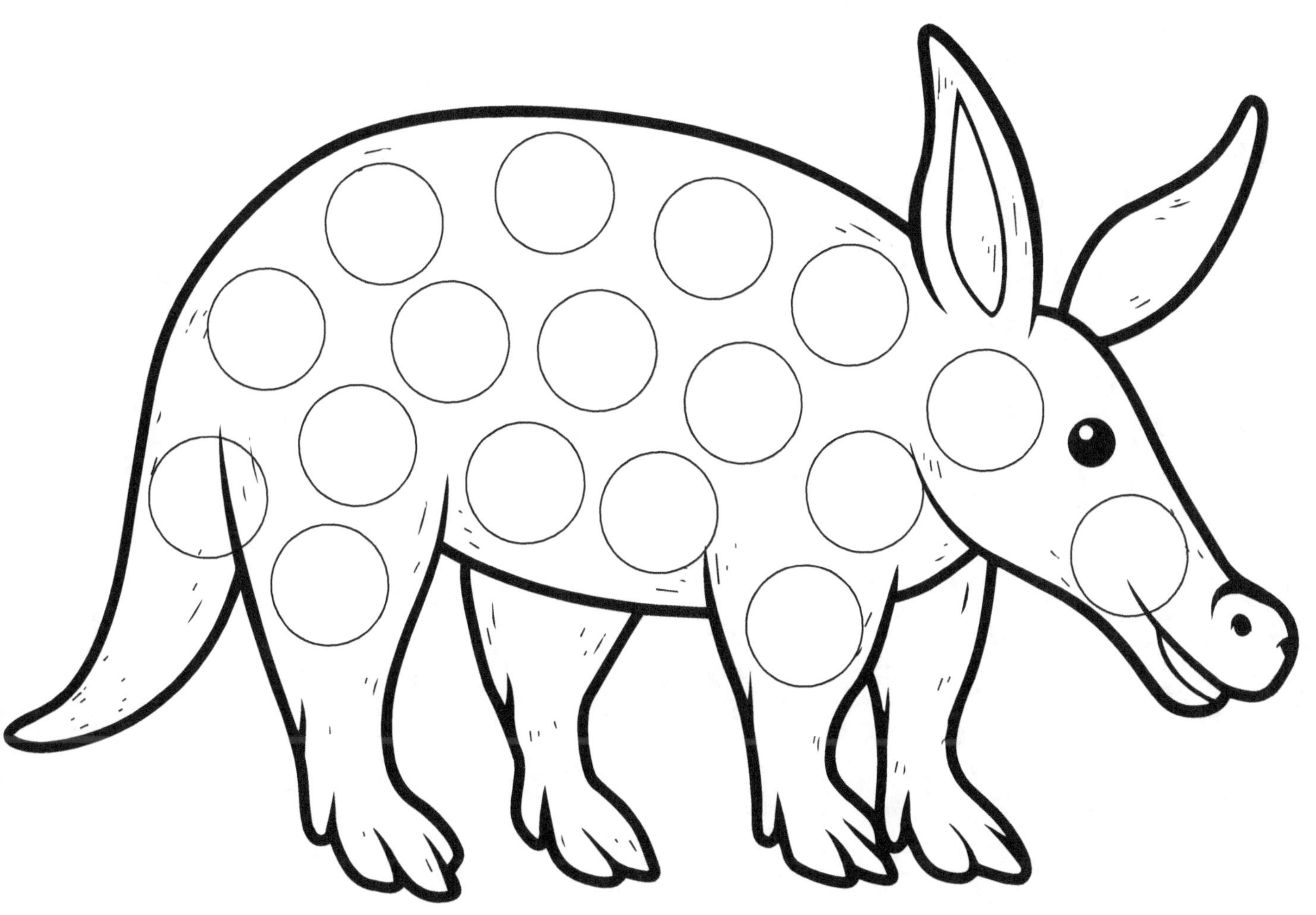

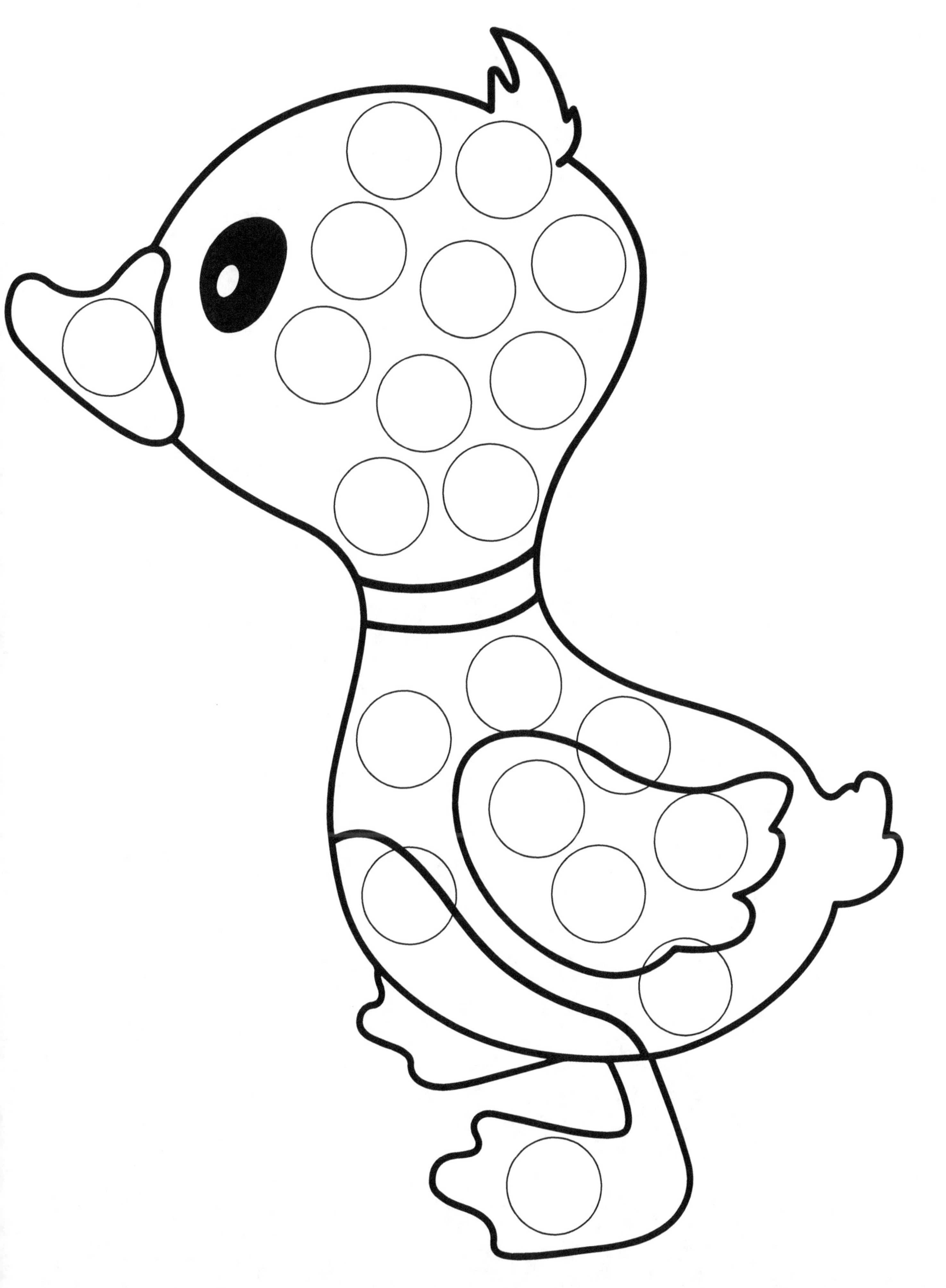

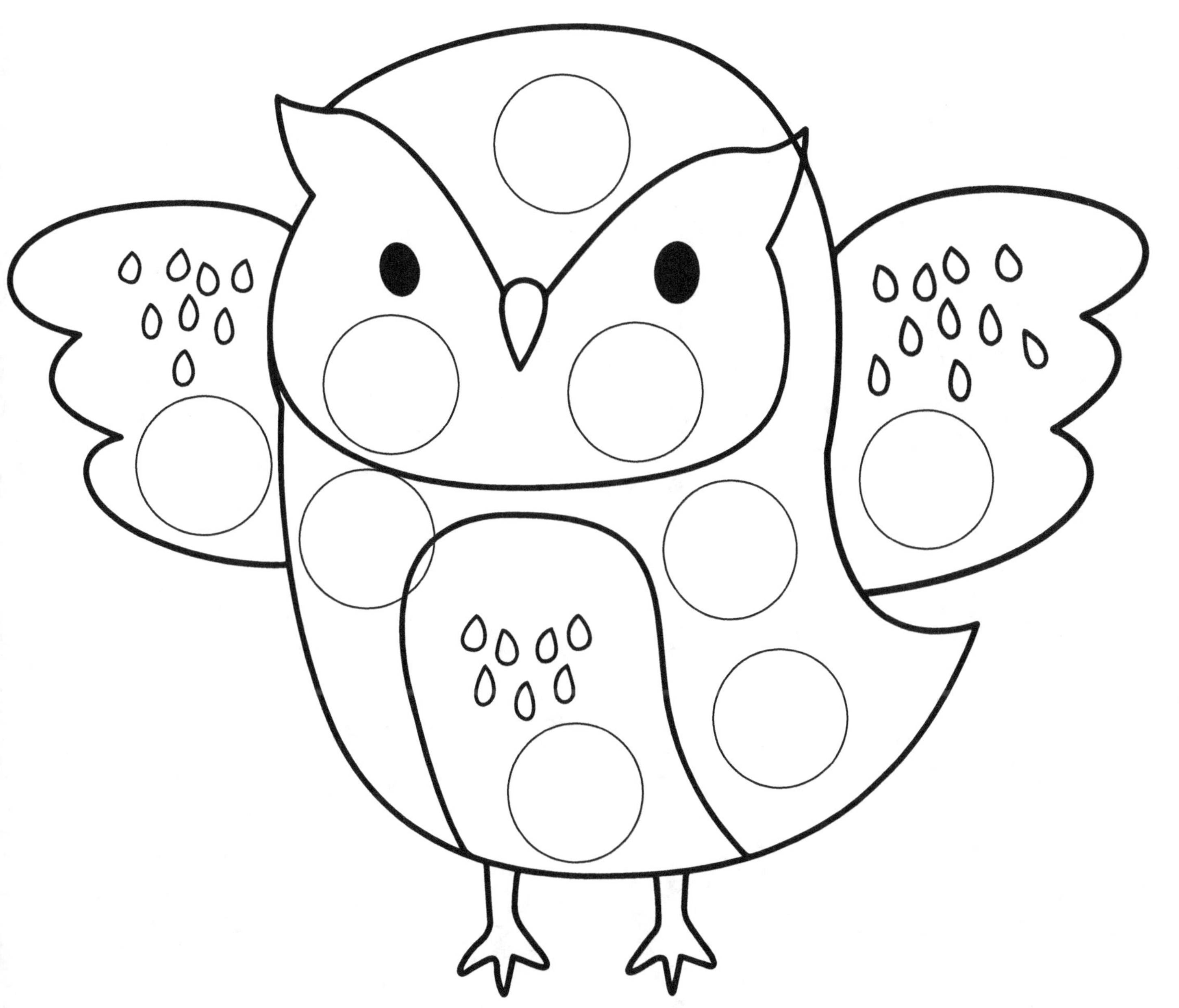

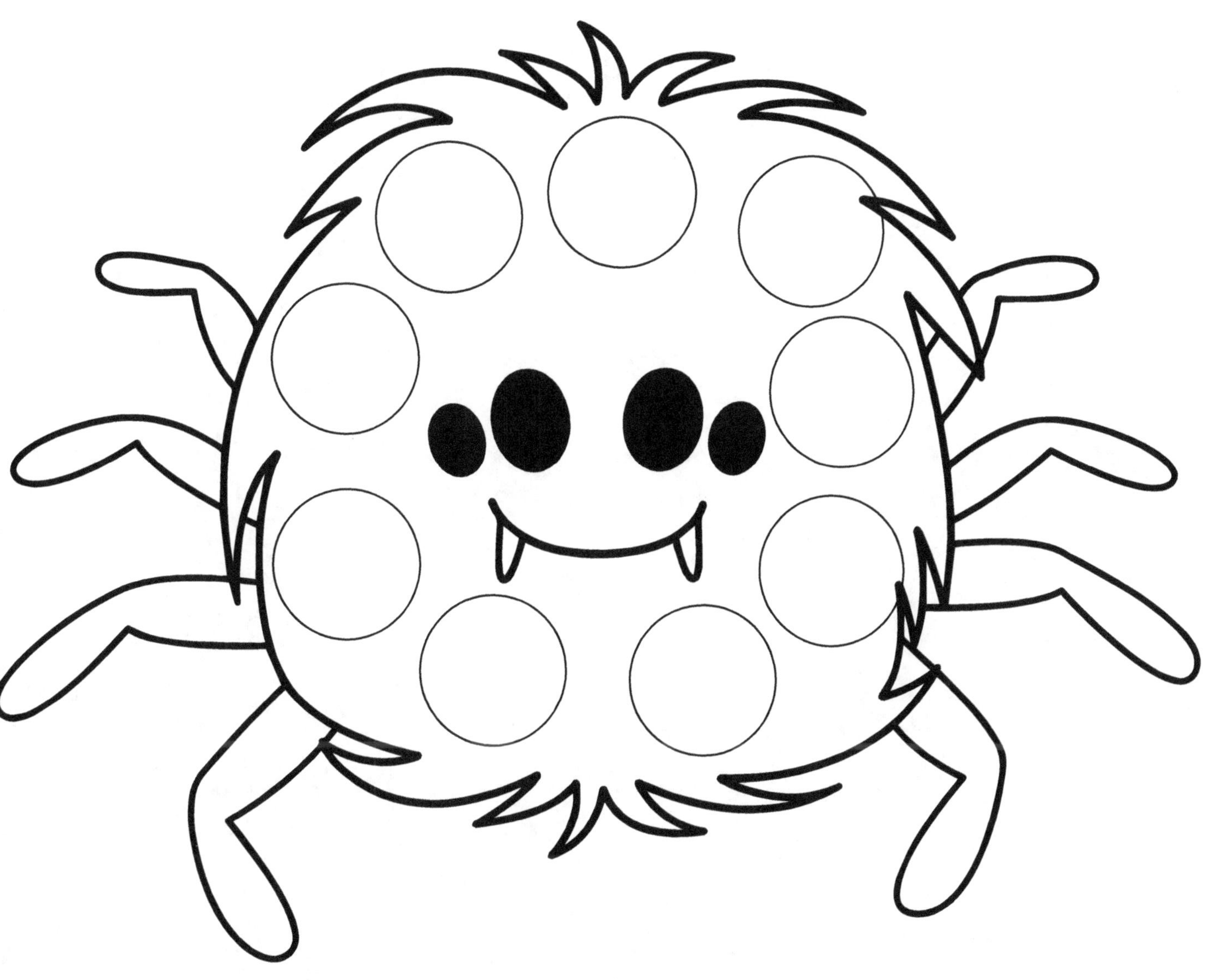

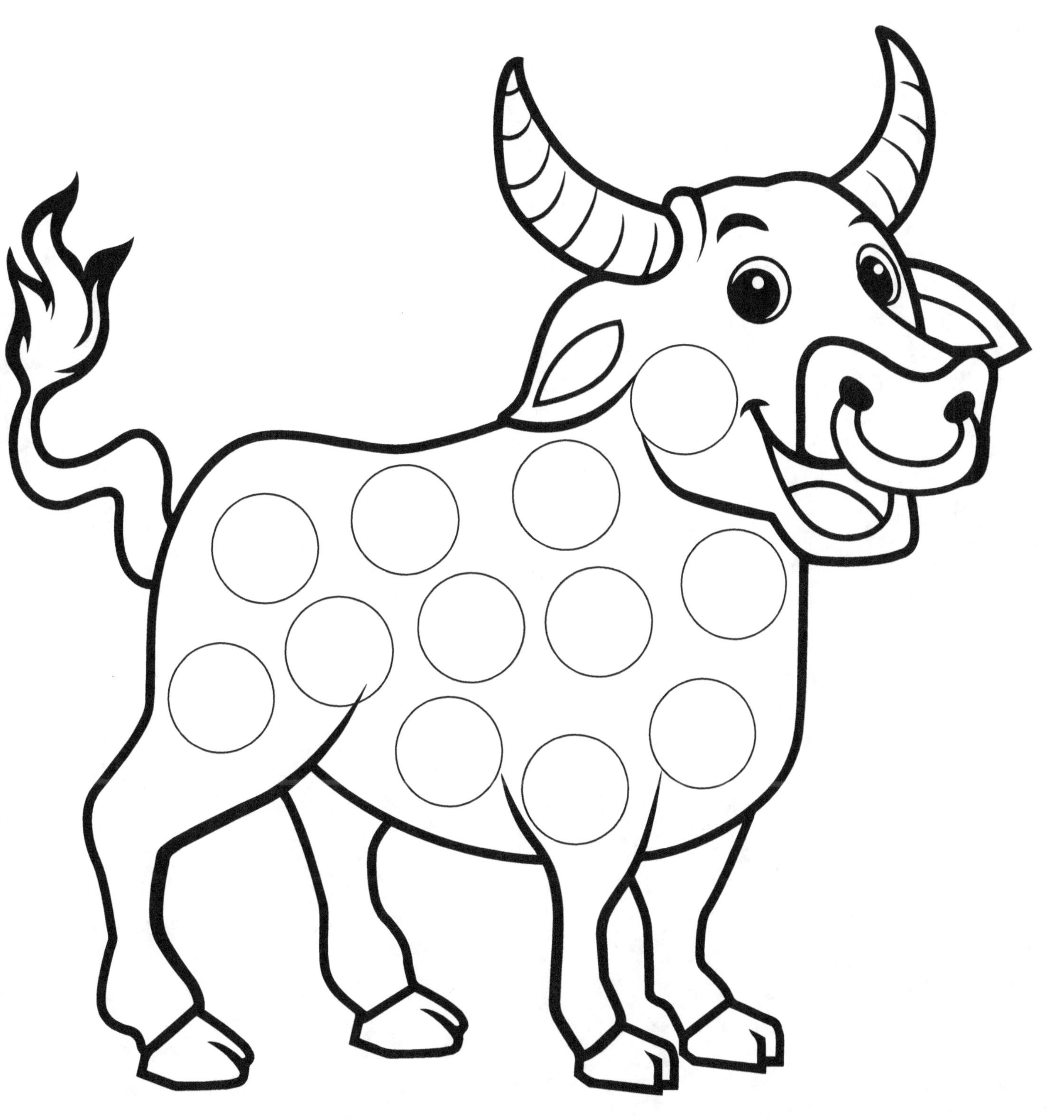

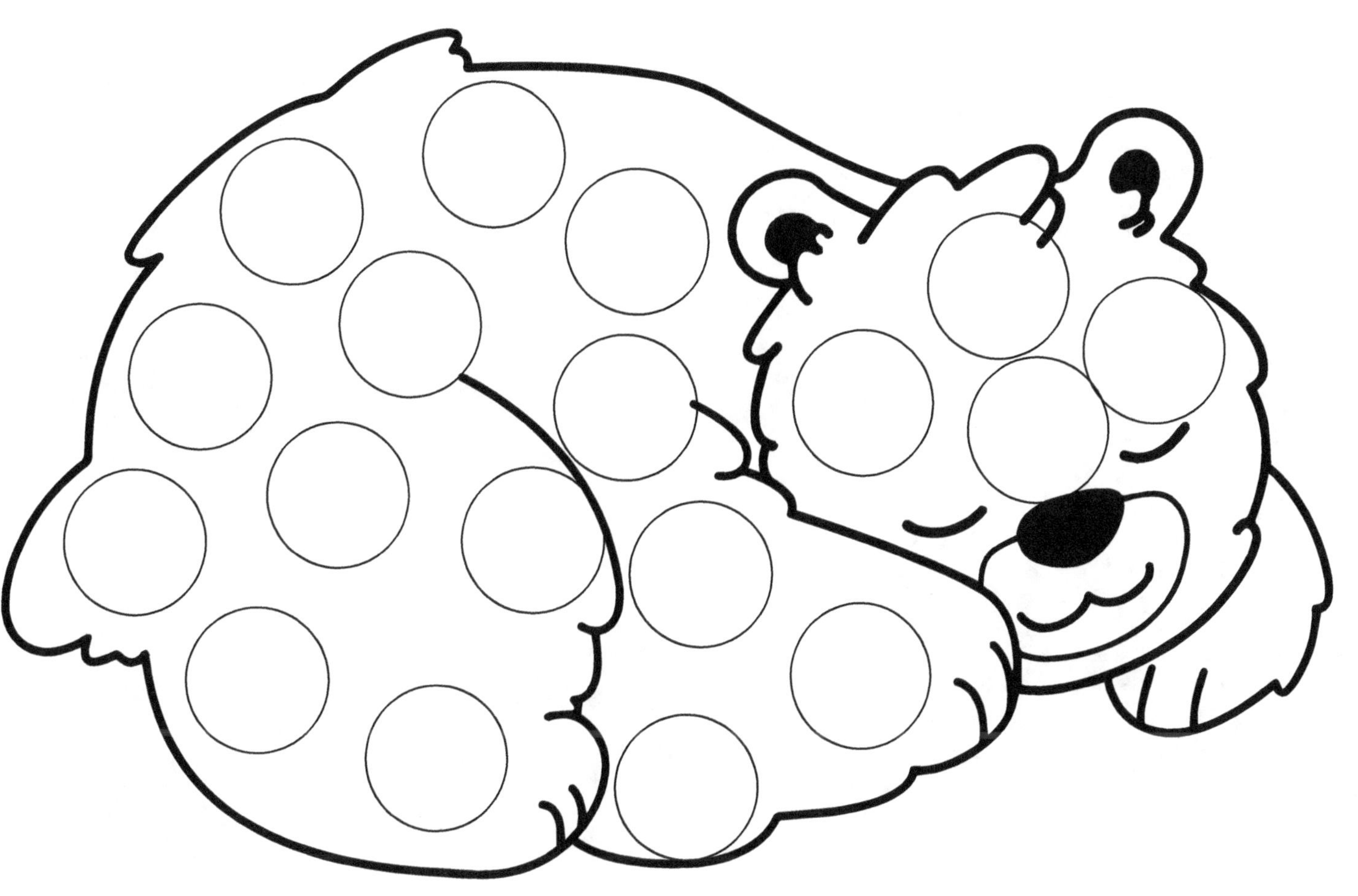

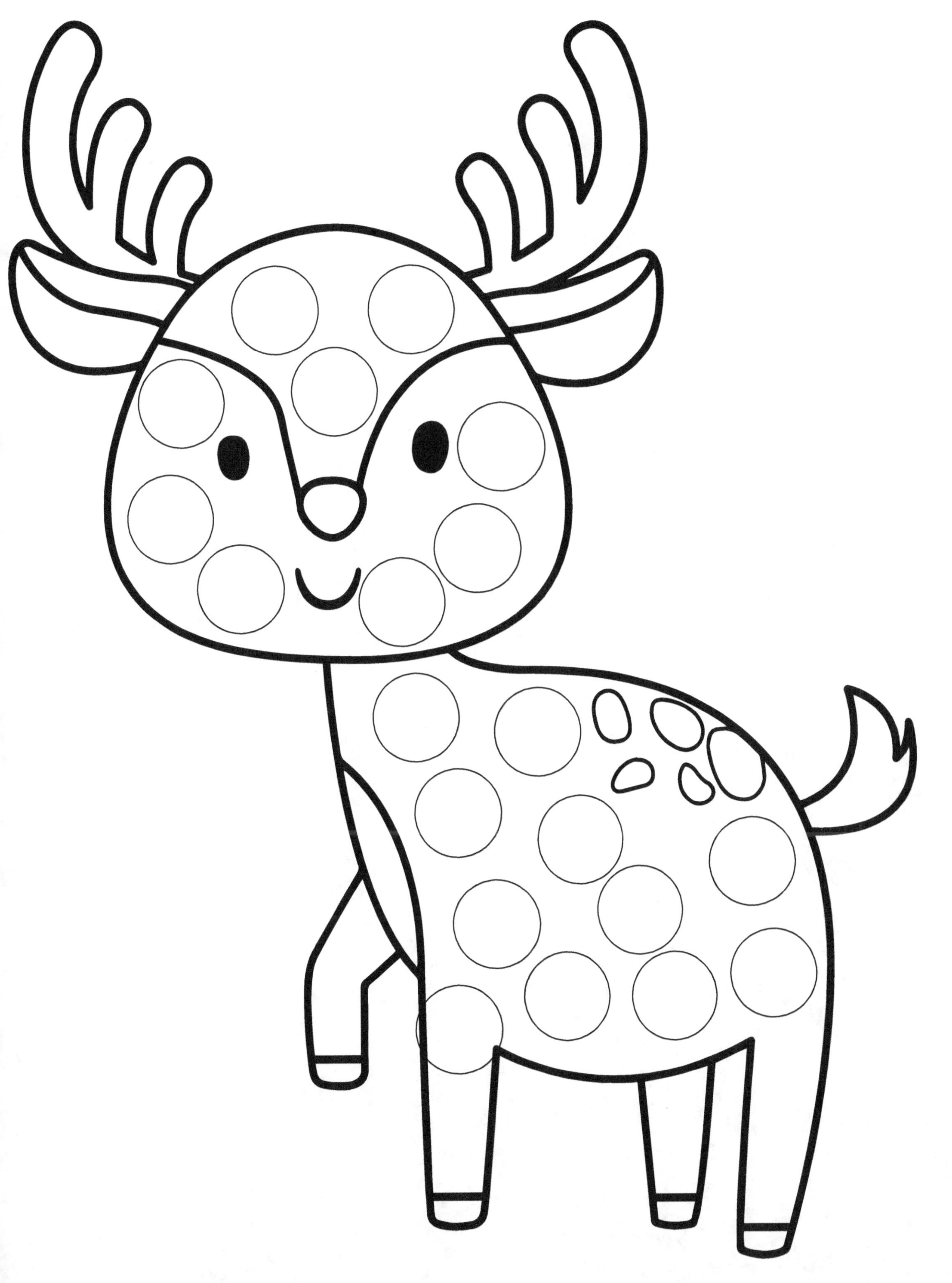

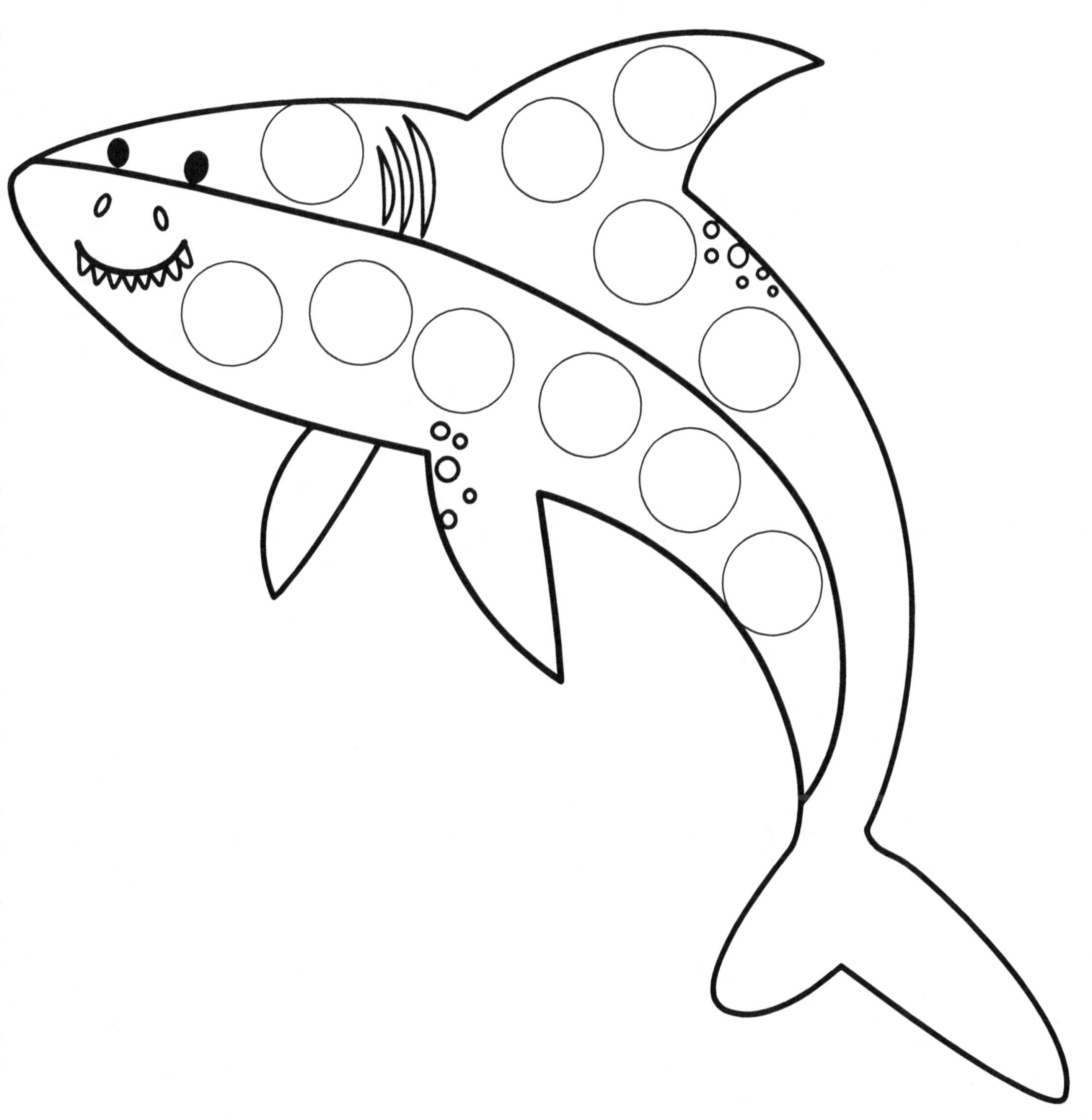

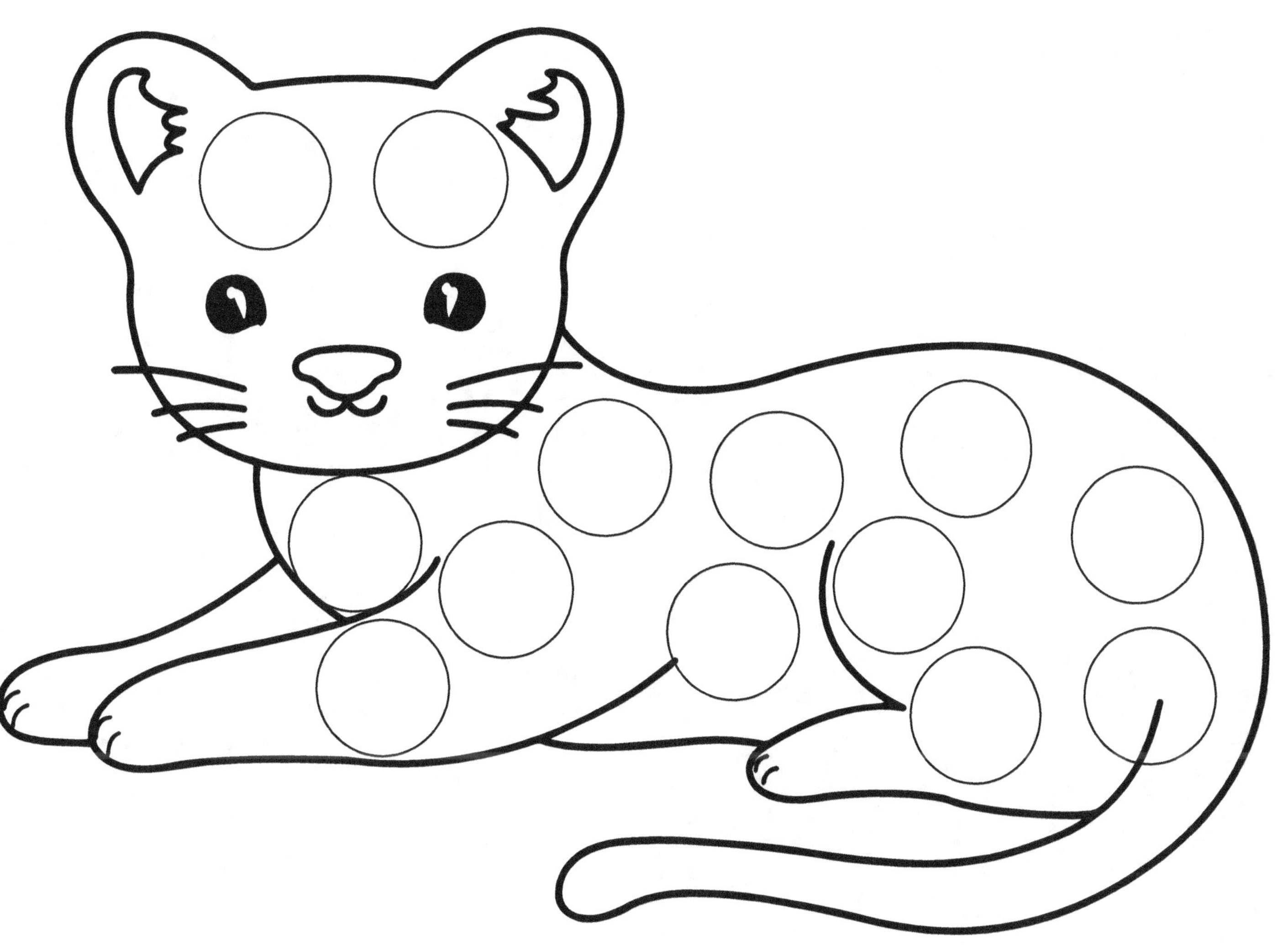

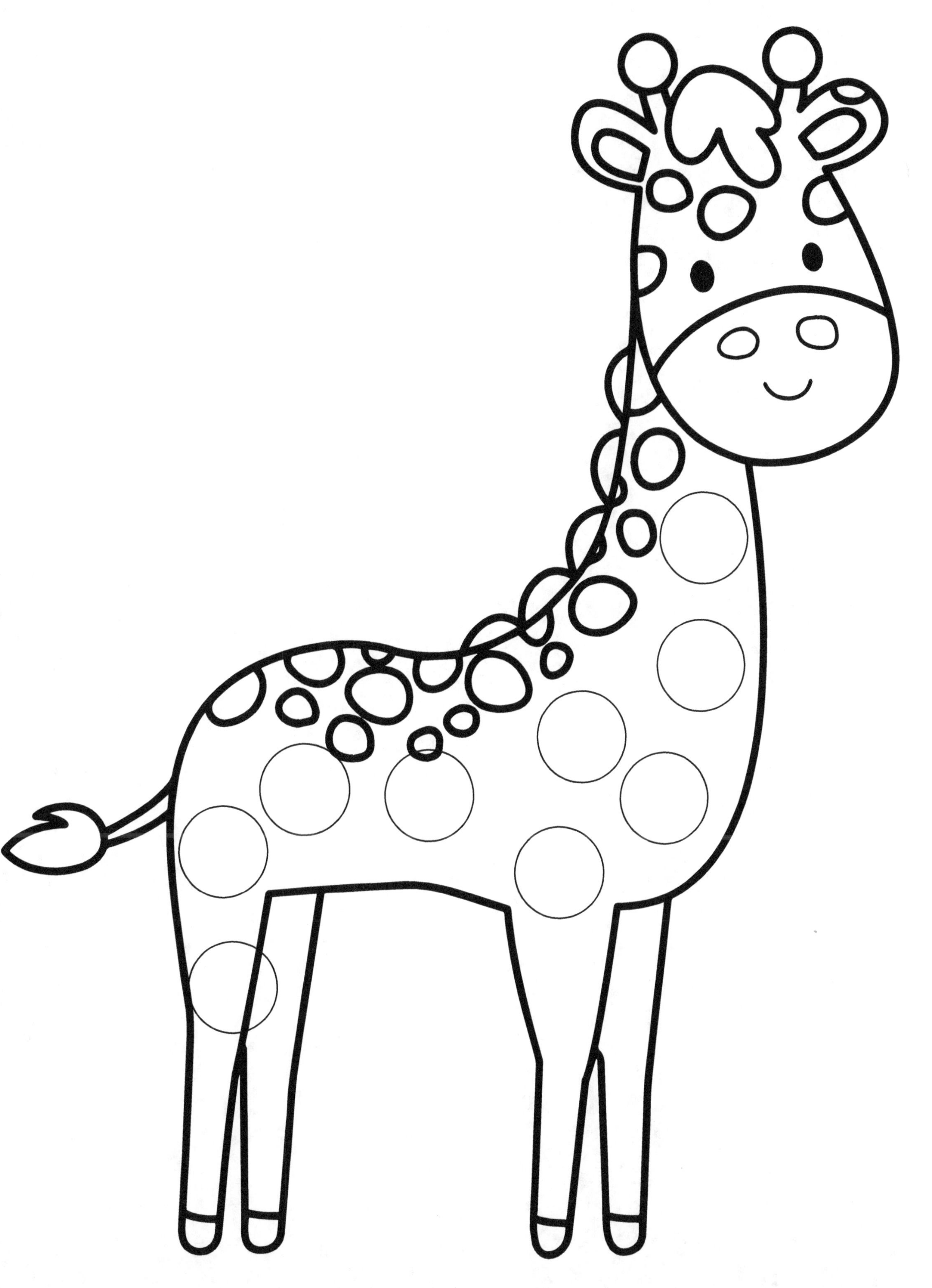

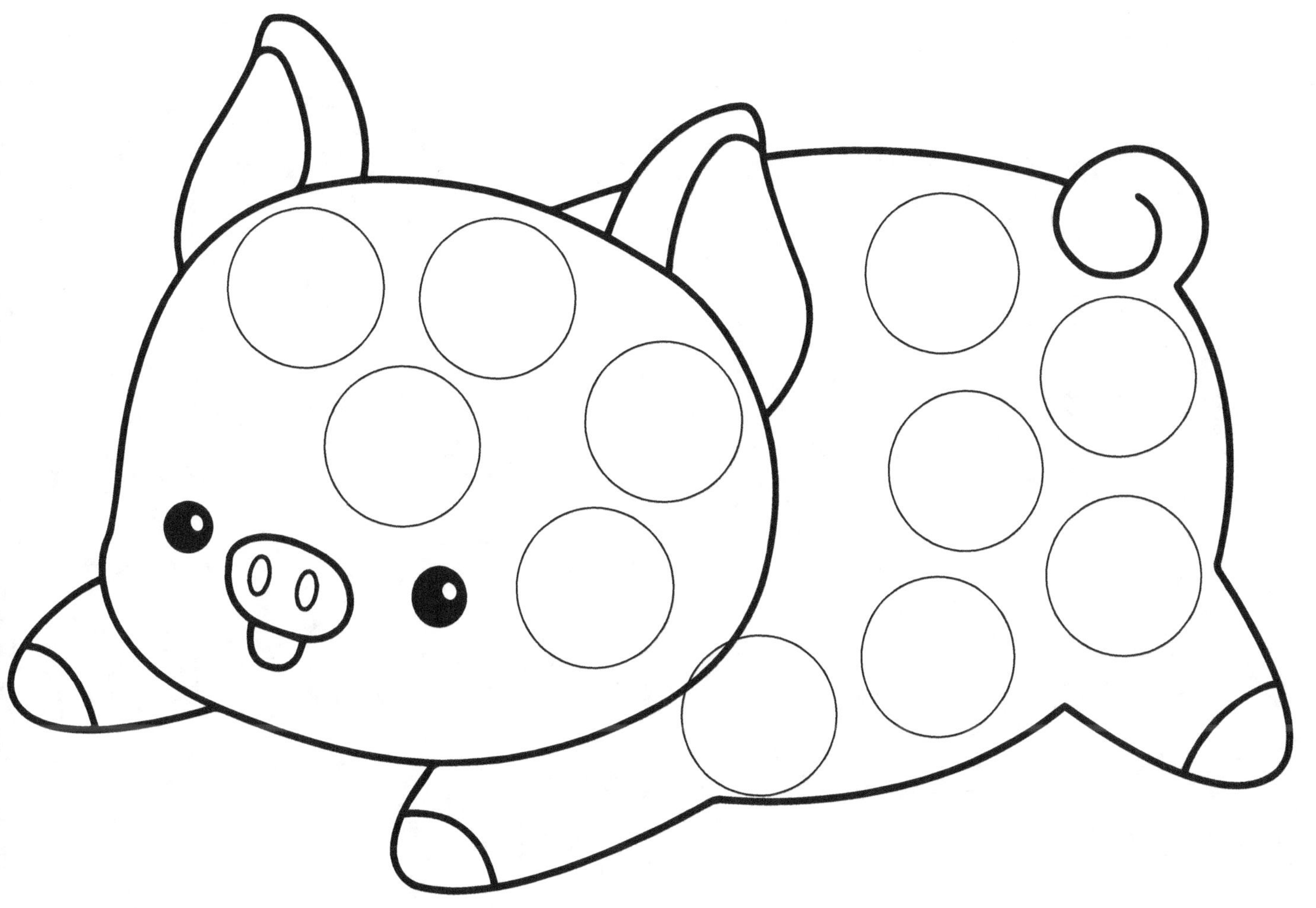

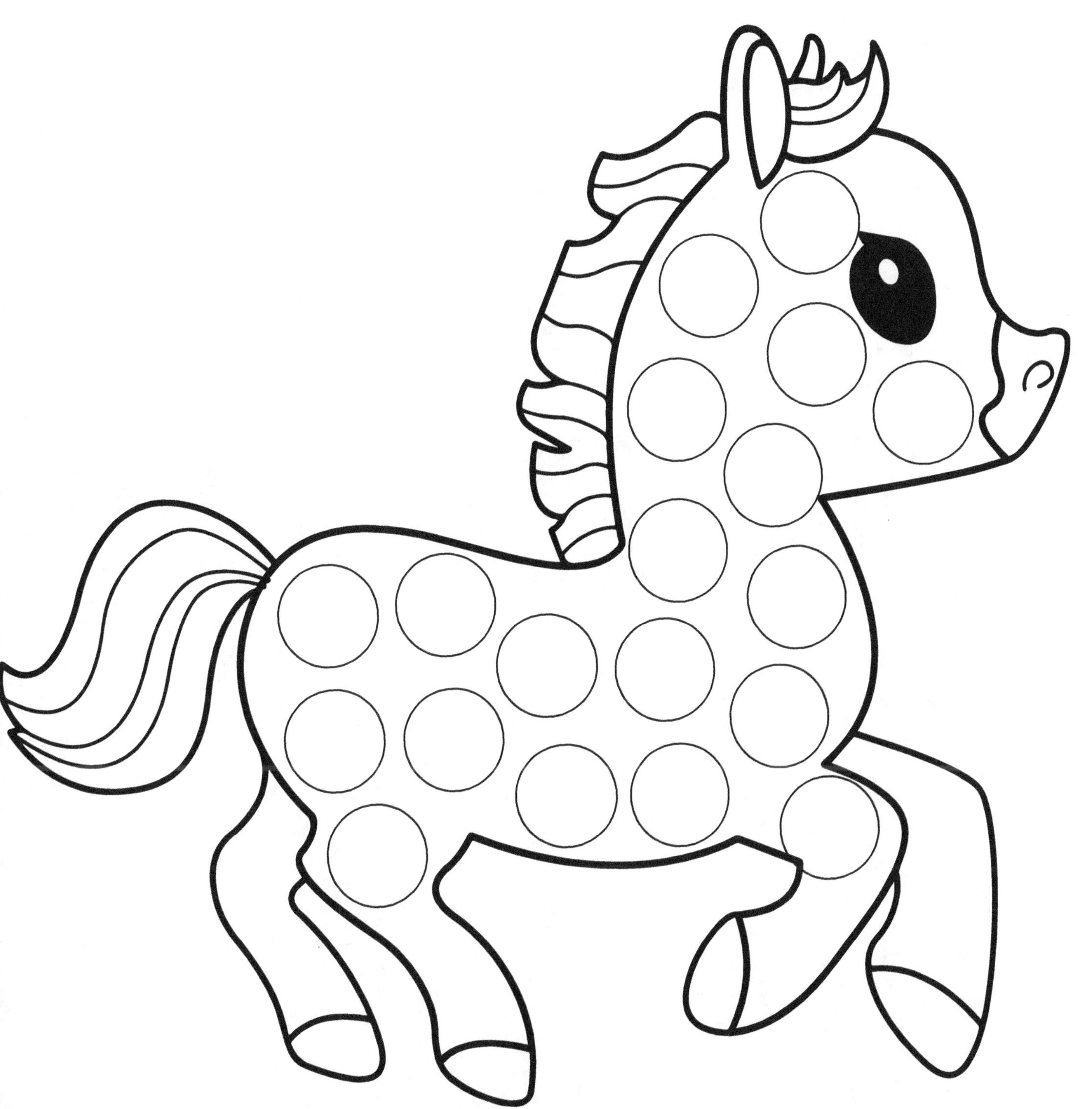

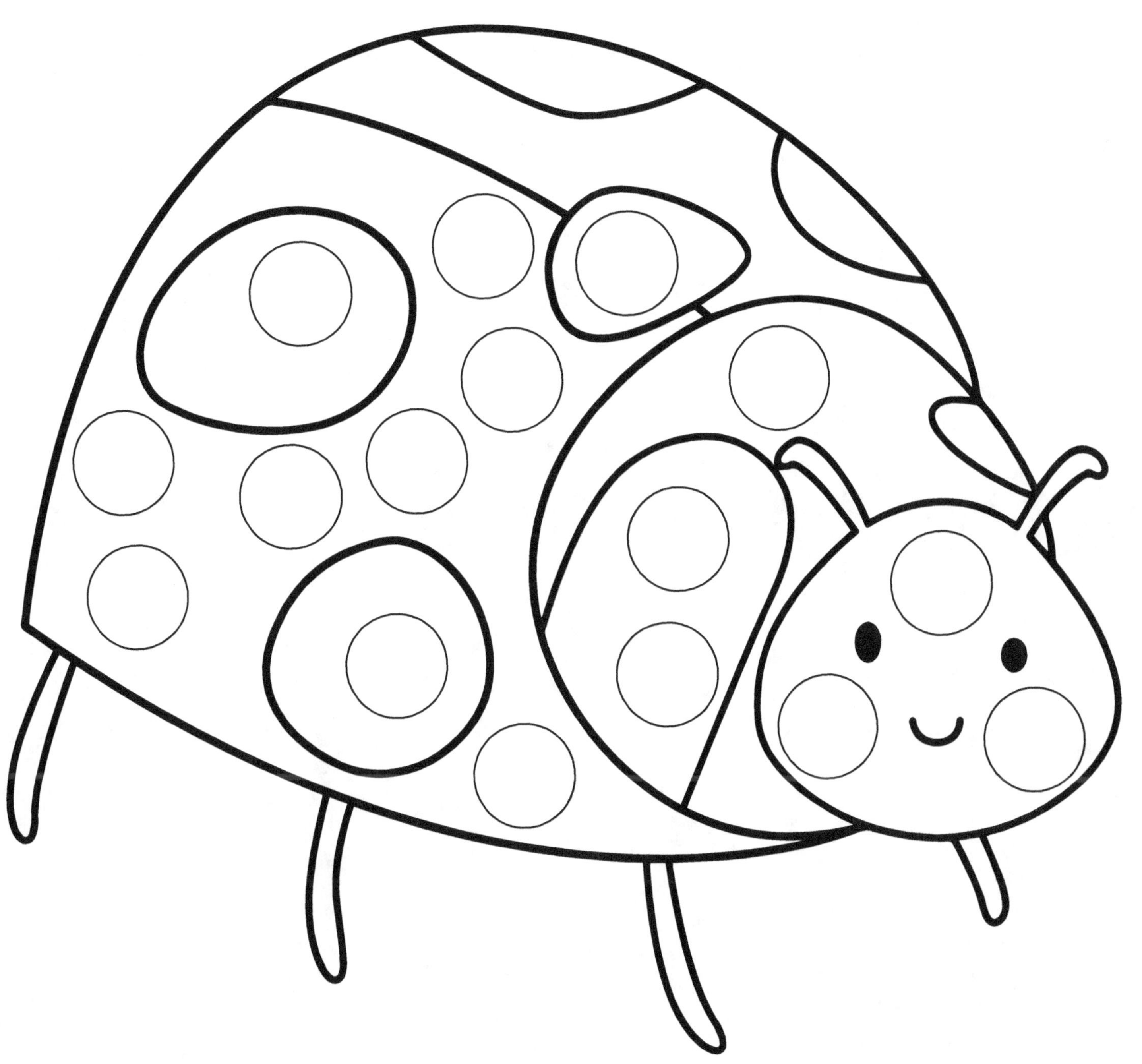

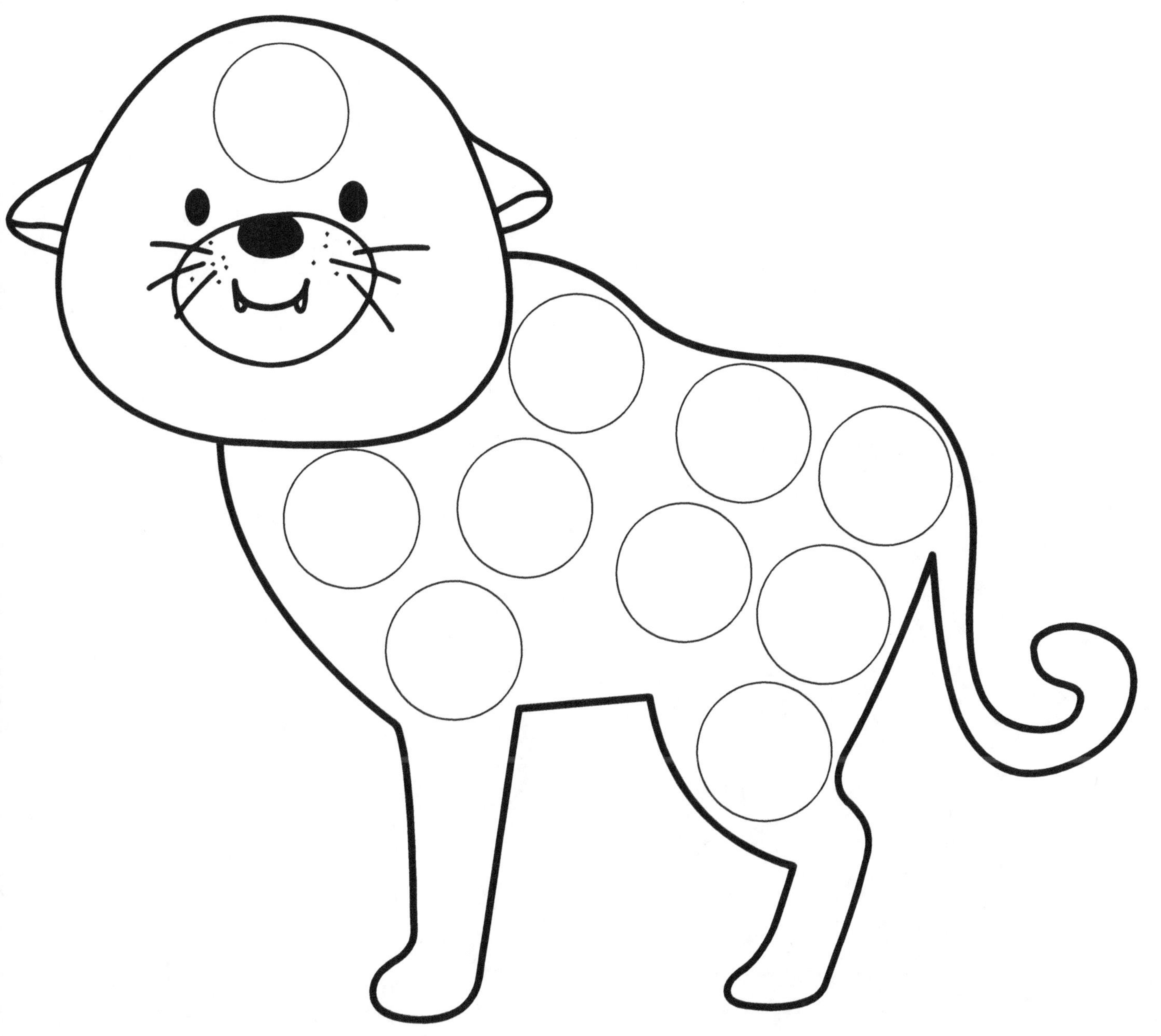

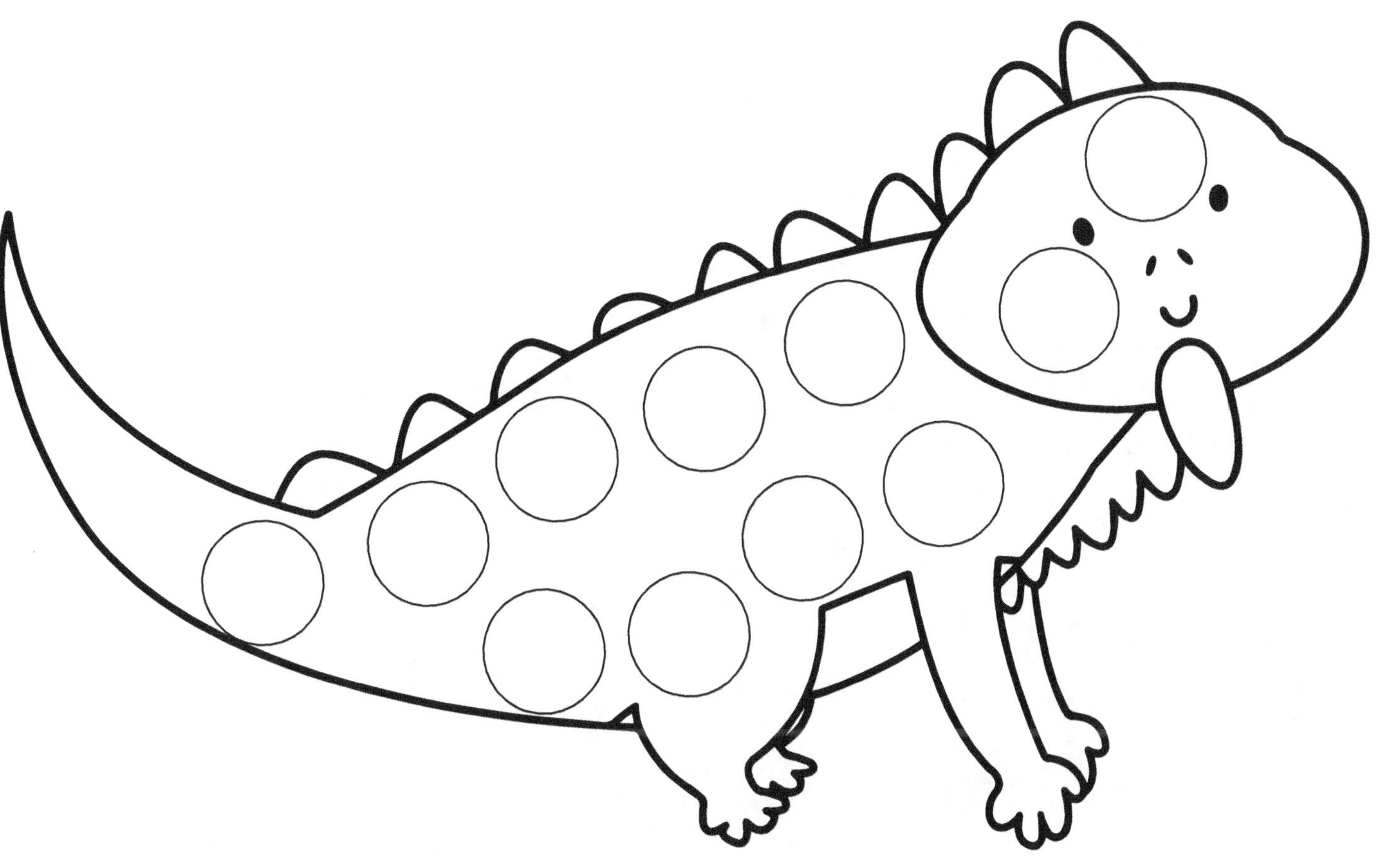

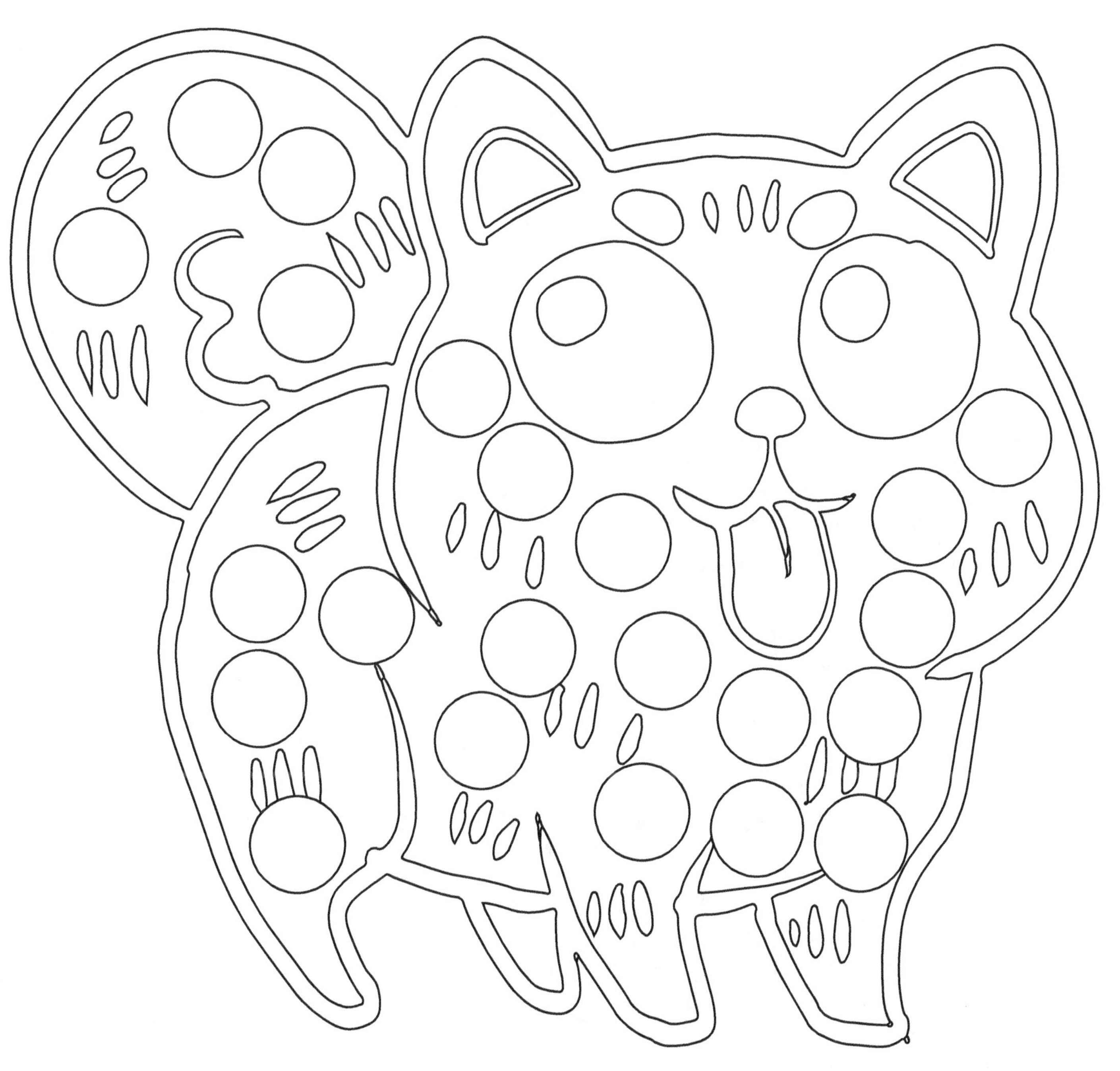

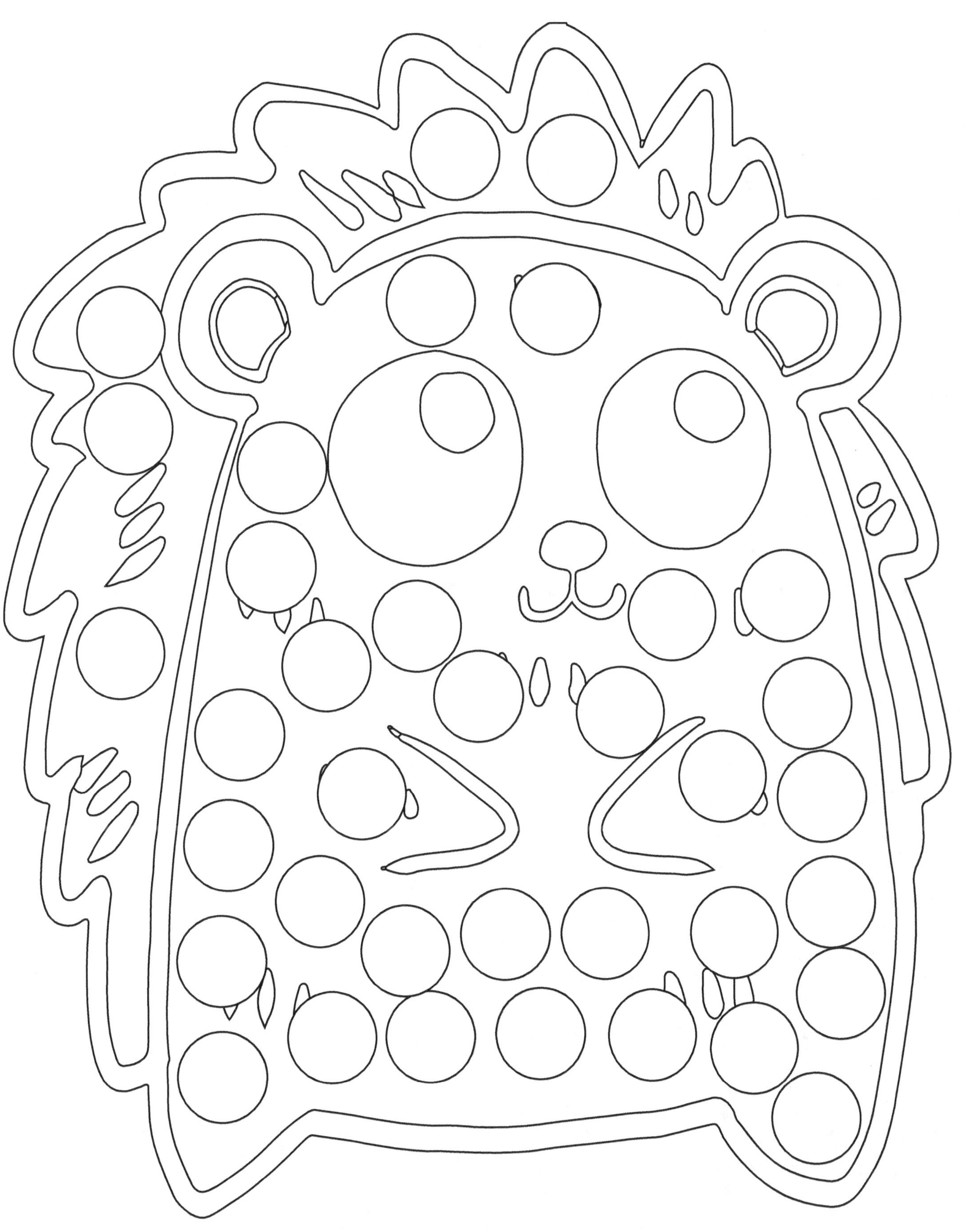

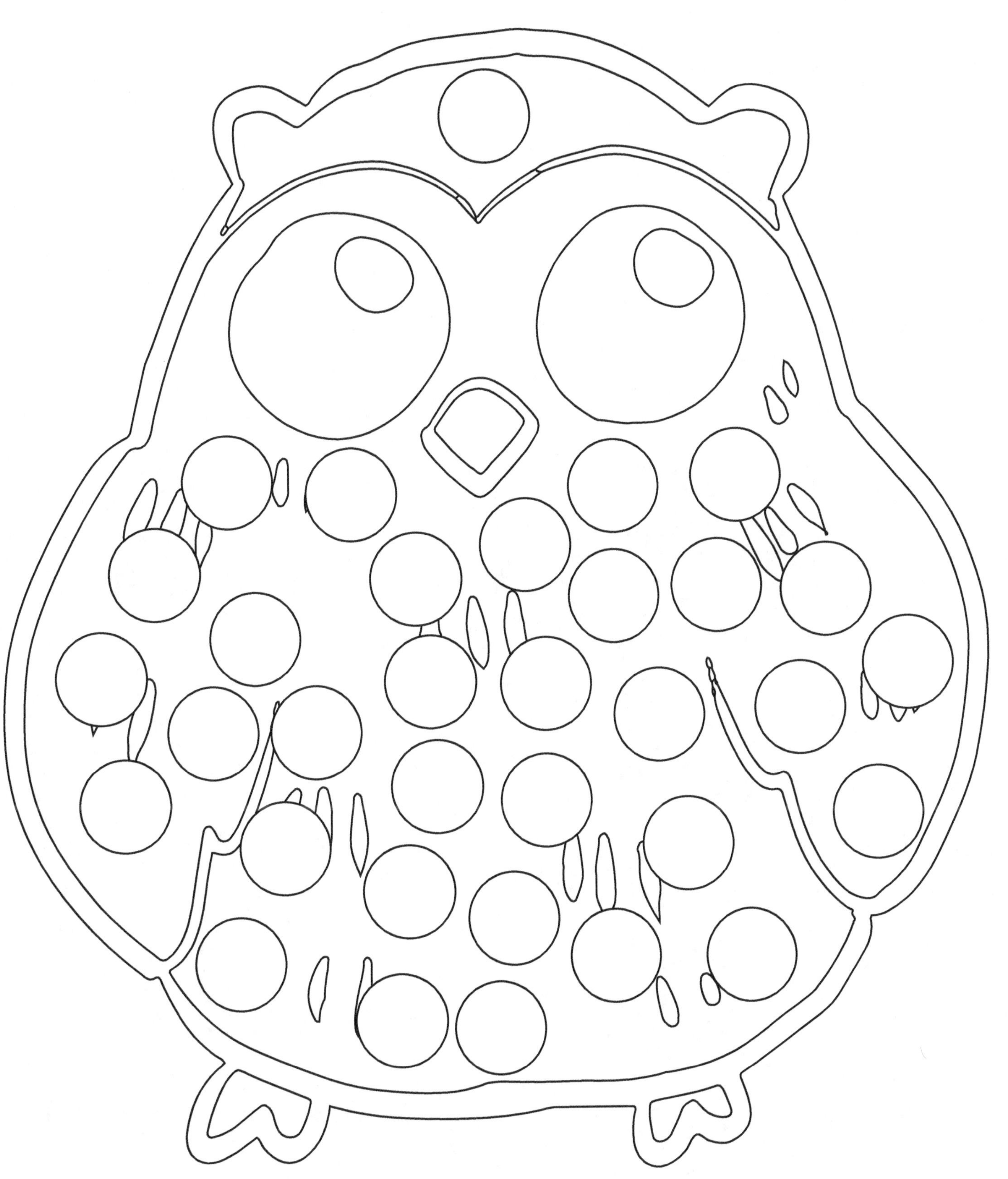

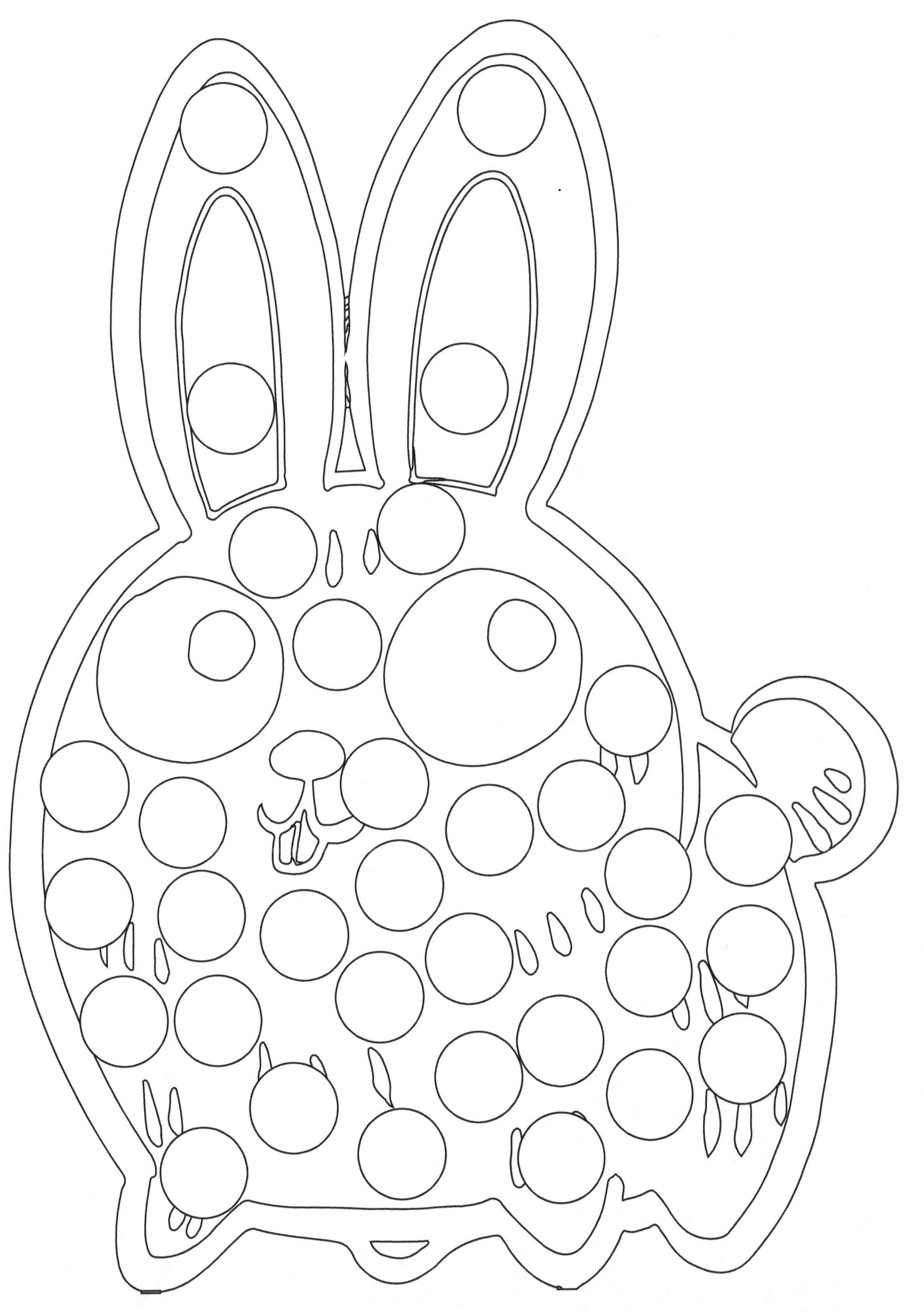

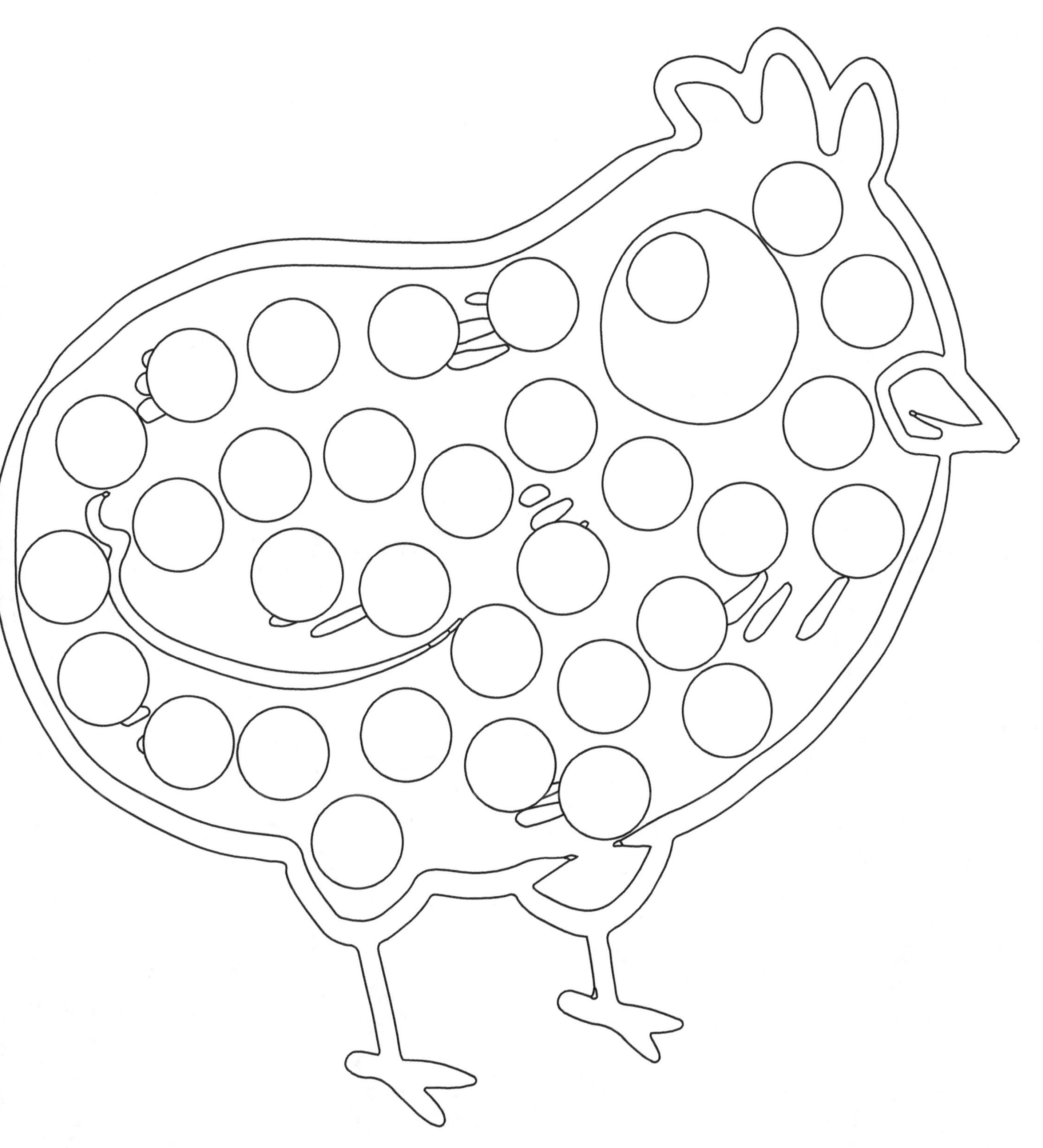

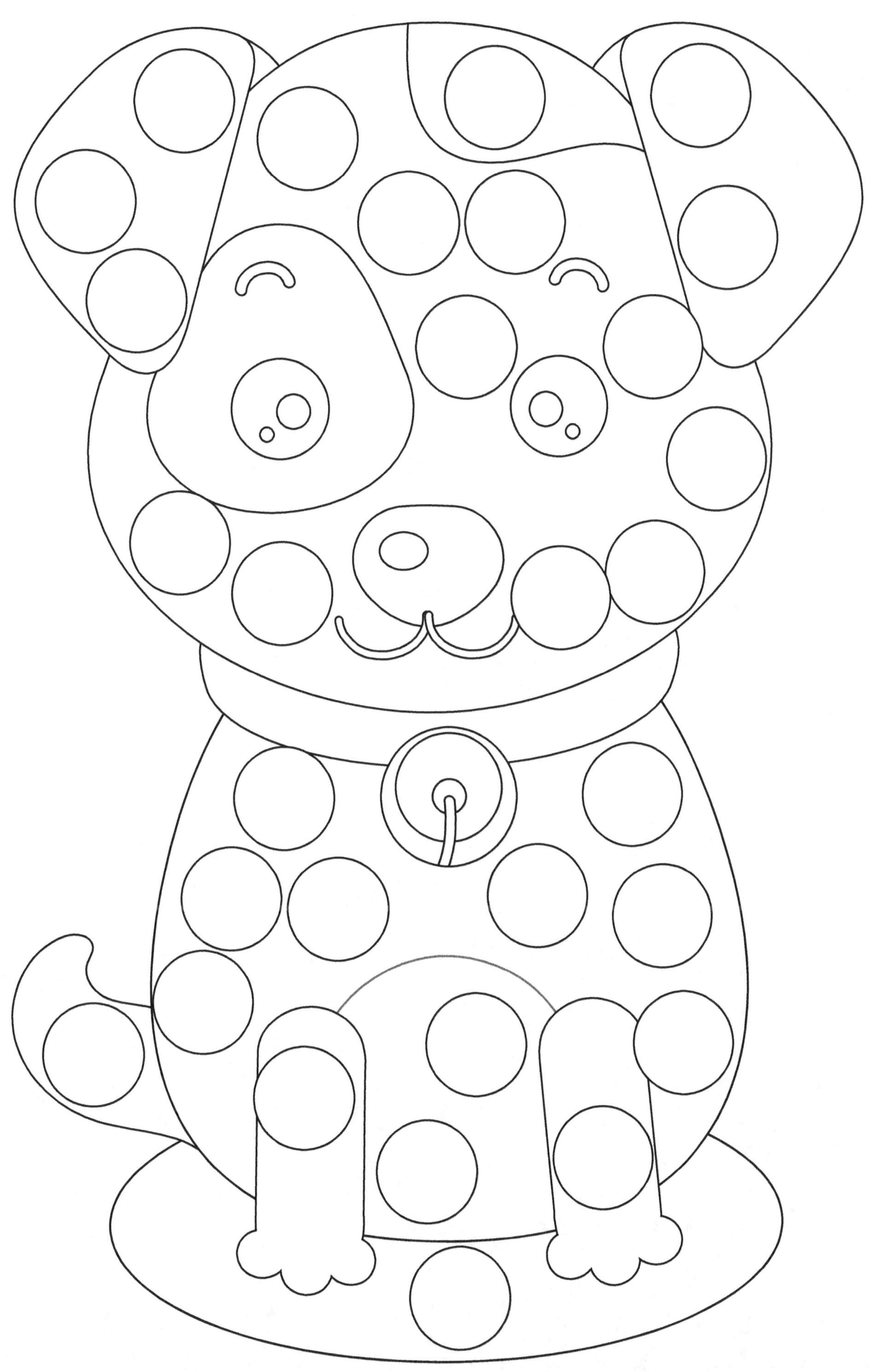

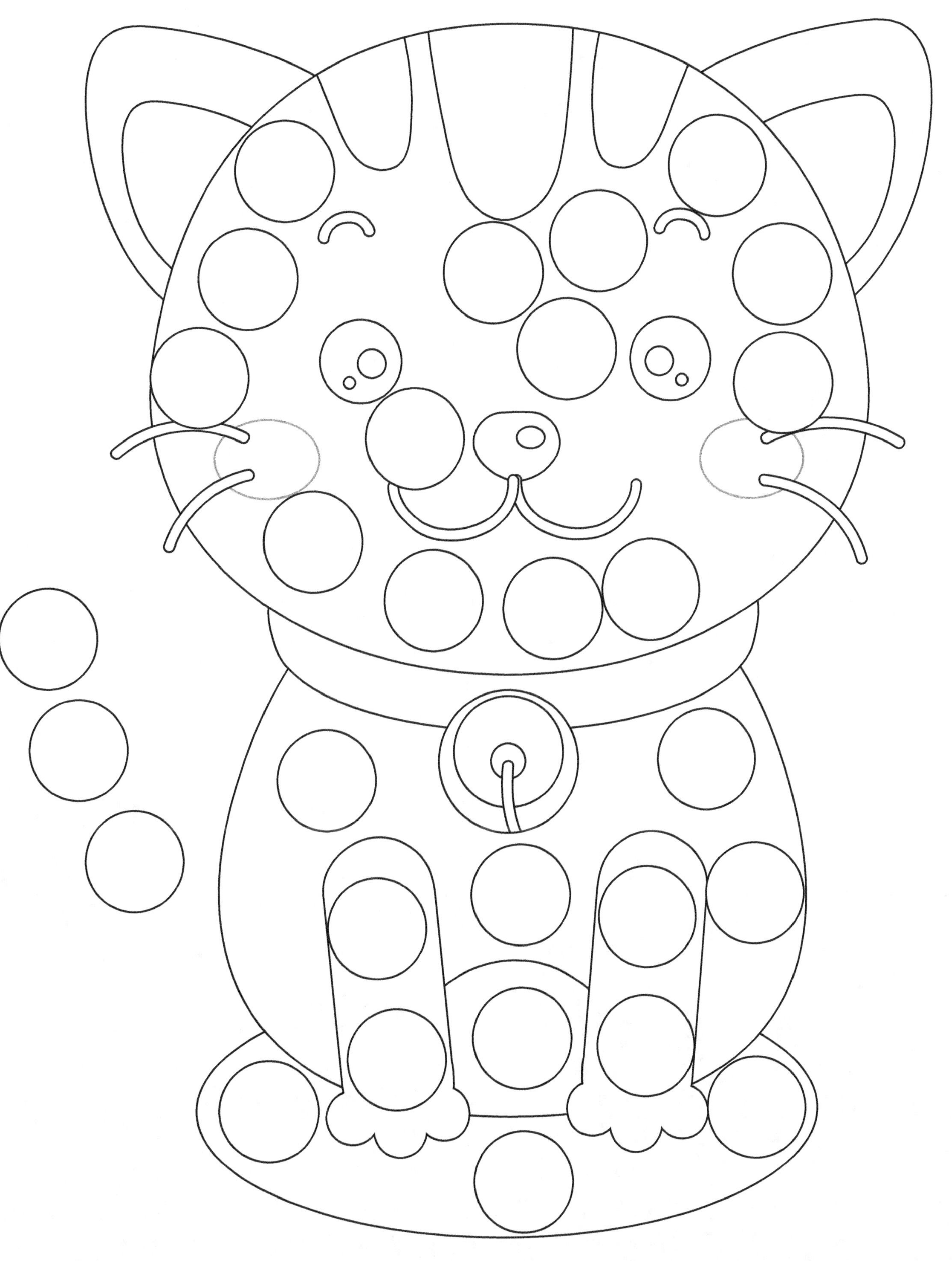

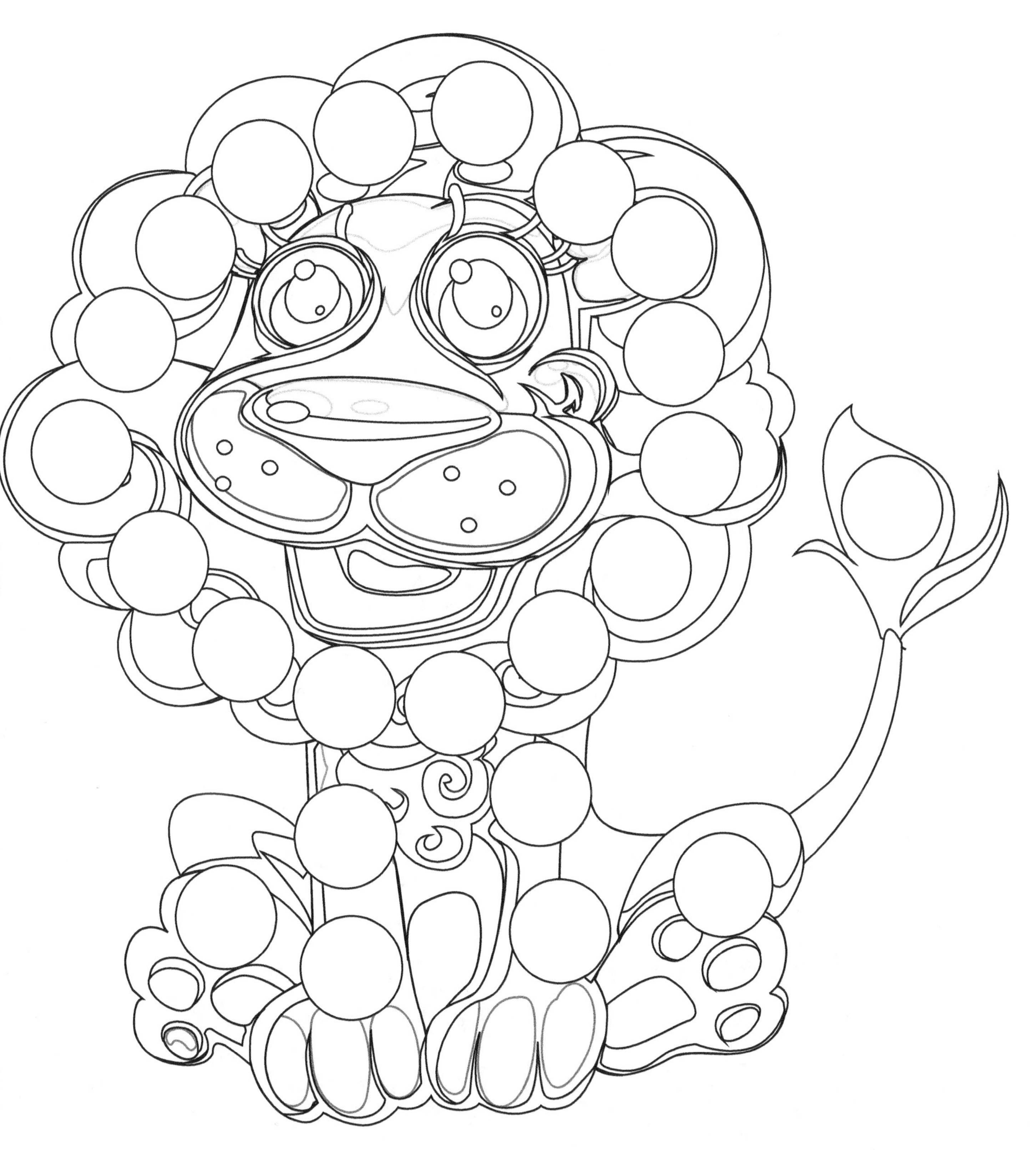

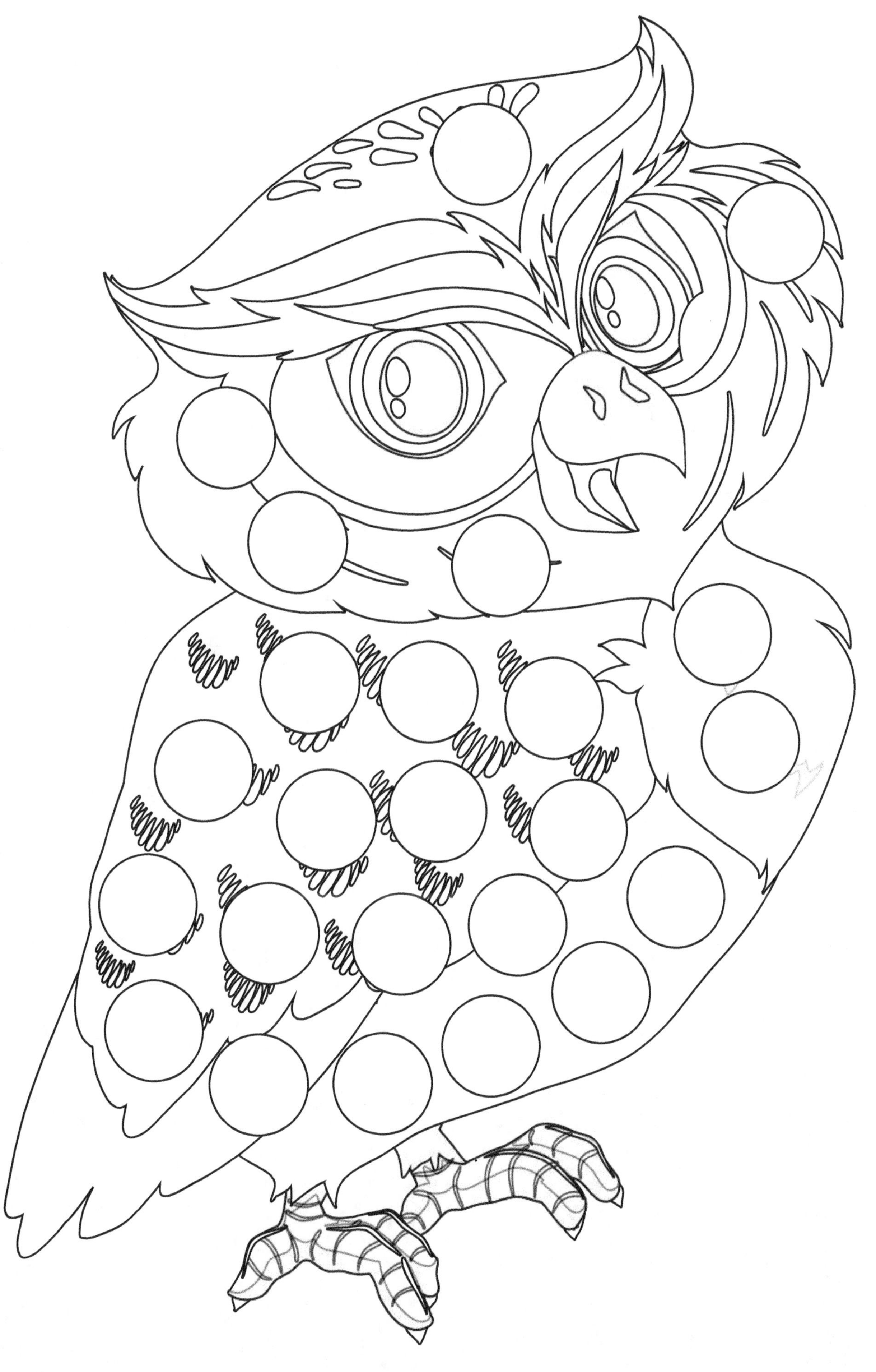

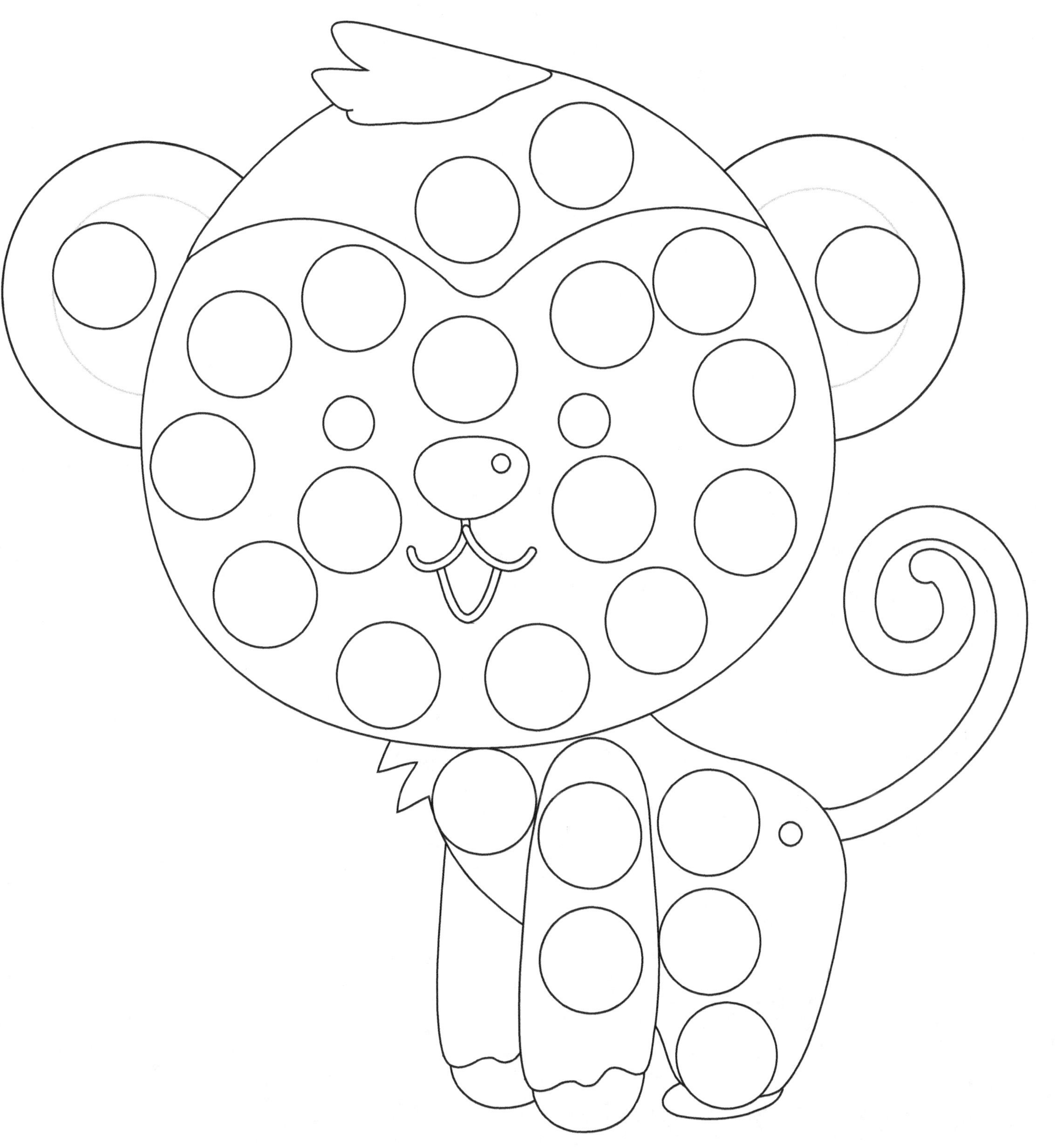